Kaiserin Elisabeth

Keine Thränen wird man weinen ...

Kaiserin Elisabeth

235. Sonderausstellung des Historischen Museums der Stadt Wien
Hermesvilla · Lainzer Tiergarten
2. April 1998 – 16. Februar 1999

Impressum

Direktion
Hofrat Dr. Günter Düriegl

Kanzlei
Monika Sostek, Regina Janek, Alexander Pazdernik

Verwaltung
Franz Novak, Susanne Floth, Claudia Österreicher, Angela-Jacqueline Rakuscha, Helmut Selzer, Franz Sogeder

Öffentlichkeitsarbeit
Dr. Regina Karner, Angela-Jacqueline Rakuscha, Alexander Pazdernik

Für die Inszenierung der Ausstellung wurden verwendet
Arnold Schönberg, Pelleas und Melisande, 1902/03.
Herbert von Karajan, Berliner Philharmoniker, 1974
(CD Deutsche Grammophon 423 132-2, Passage aus Nr. 10).
Max Reinhardt, Ein Sommernachtstraum, 1935 Hollywood,
Regie: M. Reinhardt und Wilhelm Dieterle (Video)

Ausstellung

Wissenschaftliches Konzept
Dr. Susanne Walther

Assistenz
Mag. Michaela Lindinger

Restaurierung
Mag. Elisabeth Graff, Mag. Christine Maringer, Mag. Trudi Wieser

Werkstätten
Gerhard Schmolka, Andreas Faigel, Robert Filip, Günter Fröhlich, Herbert Hawel, Christian Hobek

Studiensaal
Josef Gruberbauer, Helmut Mayer, Christian Nissl

Künstlerisches Ausstellungskonzept, Inszenierung
Mag.arch. Checo Sterneck

Dekoration und Akustik
Fa. Artex

Rezitation
Konstanze Breitebner

Videoinstallation
Martin Kusch

Textile Konzeption
Elisabeth Neururer

Projektionen
Fritz Fitzke

Ausstellungsgraphik
Günther und Marjanne Winkler, Linz

Katalog

Konzept, Redaktion
Dr. Susanne Walther, Mag. Michaela Lindinger

Grafik-Design
Maria-Anna Friedl

Übersetzung
Peter Waugh

Fotographische Arbeiten
Fotostudio Otto

Umschlag- und Plakatabbildung: Kat. Nr. 2.14

Herausgegeben von den Museen der Stadt Wien (MA10), Karlsplatz, 1040 Wien, im Verlag Anton Schroll & Co., Wien und München, 1998

Gesamtherstellung
Agens-Werk Geyer + Reisser, 1051 Wien

ISBN 3-7031-0708-1

Leihgeber

Budapesti Történeti Múzeum, *Budapest*
DDr. Ruediger Engerth, *Wien*
Haus-, Hof- und Staatsarchiv, *Wien*
Heinrich-Heine-Institut, *Düsseldorf*
Hessisches Landesmuseum Darmstadt
Institut für Gerichtliche Medizin der Universität Wien
Wilhelm Jungmann & Neffe, *Wien*
Kunsthalle Bremen – Kupferstichkabinett
Kunsthistorisches Museum, *Wien*
Monika Levay, *Deutschland*
Magyar Nemzeti Galéria, *Budapest*
Magyar Nemzeti Múzeum, *Budapest*
MMD – Museen des Mobiliendepots – Wien
Musée des Beaux-Arts, *Orléans*
Niederösterreichisches Landesmuseum, *St. Pölten*
Oberösterreichisches Landesmuseum, *Linz*
Österreichische Bundesbahnen, *Linz*
Österreichische Galerie Belvedere, *Wien*
Österreichischer Bundestheaterverband, Burgtheater, *Wien*
Sammlung Bank Austria Aktiengesellschaft, *Wien*
Sammlungen der Schlösser Artstetten und Luberegg (SAL)
Schweizerisches Bundesarchiv, *Bern*
Staatliche Kunsthalle Karlsruhe
Eva Stümpfl, *Wien*
Wiener Porzellanmanufaktur Augarten Gesellschaft mbH.

Für wertvolle Hilfe und Ratschläge danken wir

Dr. Katalin Földi-Dózsa, Stellvertretender Generaldirektor, *Budapesti Történeti Múzeum*
Dr. Stephan Koja, *Österreichische Galerie Belvedere, Wien*
a.o. Prof. Doz. Dr. Walter Krause, *Universität Wien*
Brigitte Urban, *Marchfelder Schlösserverein*

Inhaltsverzeichnis

VORWORT

In Kaiserin Elisabeths „Schloß der Träume", in ihrem bevorzugten Wiener Wohnsitz, in der in den Jahren 1882 bis 1886 nach Plänen des Architekten Carl von Hasenauer im Lainzer Tiergarten errichteten Hermesvilla, will das Historische Museum der Stadt Wien in all den Bildern, Abbildern, Selbstbildern, Wunschbildern und Trugbildern, die wir kennen, den Menschen Elisabeth, die Frau finden, die so erschütternd meinte: „Keine Thränen wird man weinen ...", auch wenn sie ein andermal an anderer Stelle schrieb:

Ja, ein Schiff will ich mir bauen!
Schönres sollt ihr nimmer schauen
Auf dem hohen, weiten Meer;
„Freiheit" wird vom Maste wehen
„Freiheit" wird am Buge stehen,
Freiheitstrunken fährt´s einher.

Elisabeths Wirken war politisch weitgehend unbedeutend, gesellschaftlich alles andere als prägend und dennoch zählt sie zu jenen großen Persönlichkeiten, deren Schicksal fesselt, steht sie doch in vielem für das, was wir selbst in der Begegnung mit unserem eigenen Ich erleben.

Auch sie wollte anders gesehen werden als man sie sah, als sie selbst sich sah. Als Titania, als Königin der Feen floh sie in den Sommernachtstraum der Illusionen, und deren hatte sie nicht wenige. Als Penthesilea, als Königin der Amazonen begegnete sie Achill, dem „geliebten Feind", wer auch immer das für die wagemutige Reiterin Elisabeth sein mochte.

Als „Dame in Schwarz" wurde sie zum Idealfall eines Modells für die zeitgenössische Kunst, zu deren Leitmotiv auch die leidend-ätherische Frau zählte. Mit diesem Bild aber verstellte sie gründlich den Blick auf sich, deren Suche nach Avalon, nach der „Insel der Seligen", im wohl sinnlosesten Attentat, von dem wir wissen, abbrach. Elisabeth hätte zugeeignet sein können, was Heinrich Heine dichtete:

„Dein ganzes Leben war nur ein Traum,
Und diese Stunde ein Traum im Traum."

Günter Düriegl
Direktor der Museen der Stadt Wien

DANK

Gerne danke ich allen, die beigetragen haben, daß aus der Idee, Kaiserin Elisabeth die Jahresausstellung 1998/99 in der Hermesvilla zu widmen, unsere Schau „Keine Thränen wird man weinen ..." wurde. An erster Stelle sollen die zahlreichen Leihgeber genannt und bedankt werden, ohne deren großzügige Bereitschaft das nicht vorgetragen werden könnte, was wir zeigen: Budapesti Történeti Múzeum, Budapest, DDr. Ruediger Engerth, Wien, Haus-, Hof- und Staatsarchiv, Wien, Heinrich-Heine-Institut, Düsseldorf, Hessisches Landesmuseum Darmstadt, Institut für Gerichtliche Medizin der Universität Wien, Wilhelm Jungmann & Neffe, Wien, Kunsthalle Bremen – Kupferstichkabinett, Kunsthistorisches Museum, Wien, Monika Levay, Deutschland, Magyar Nemzeti Galéria, Budapest, Magyar Nemzeti Múzeum, Budapest, MMD – Museen des Mobiliendepots – Wien, Musée des Beaux-Arts, Orléans, Niederösterreichisches Landesmuseum, St. Pölten, Oberösterreichisches Landesmuseum, Linz, Österreichische Bundesbahnen, Linz, Österreichische Galerie Belvedere, Wien, Österreichischer Bundestheaterverband, Burgtheater, Wien, Österreichisches Theatermuseum, Wien, Sammlung Bank Austria Aktiengesellschaft, Wien, Sammlungen der Schlösser Artstetten und Luberegg (SAL), Schweizerisches Bundesarchiv, Bern, Staatliche Kunsthalle Karlsruhe, Eva Stümpfl, Wien, Wiener Porzellanmanufaktur Augarten Gesellschaft m.b.H.. Ebenso gilt mein Dank allen Leihgebern, die an dieser Stelle nicht namentlich genannt sein wollen.

Ferner danke ich jenen, deren Rat und Hilfe unverzichtbar war: Dr. Katalin Földi-Dózsa, stellvertretender Generaldirektor, Budapesti Történeti Múzeum, Dr. Stephan Koja, Österreichische Galerie Belvedere, a.o. Prof. Doz. Dr. Walter Krause, Universität Wien, Brigitte Urban, Marchfelder Schlösserverein.

Besonderen Dank habe ich aber meiner Kollegin Frau Obermuseumsrätin Dr. Susanne Walther zu sagen: Sie verstand es, unterstützt nur von Frau Mag. Michaela Lindinger, der ich an dieser Stelle dafür aufrichtig danke, im kleinsten Team also, ein Panorama zu entwerfen, das Elisabeth aus deren eigenen Aussagen, aus einer klug behutsamen Analyse der von ihr verfaßten Gedichte erschließt.

Herr Mag. arch. Checo Sterneck hat die Interpretationen in Szene gesetzt, jenes Bild also geschaffen, das unsere Ausstellung ist, ich danke sehr.

Günter Düriegl

EINFÜHRUNG

Als Urenkel der Kaiserin Elisabeth erfülle ich gerne die Bitte von Frau Dr. Susanne Walther, einführende Worte zum Katalog der Ausstellung in der Hermesvilla zu schreiben.

Die Kaiserin entstammte einer Familie, die im 19. Jahrhundert bemerkenswert begabte und energische Persönlichkeiten hervorgebracht hat. So unter anderem die Kaiserin Karolina Augusta, die vierte Gemahlin des Kaisers Franz II., die sich große Verdienste um das Schulwesen, insbesondere um die Mädchenausbildung, erworben hat. Sie gründete Schulen, berief geeignete Lehrkräfte, wie die Englischen Fräulein. Sie war bekannt für ihre Wohltätigkeit; so stiftete sie u. a. auch das Wiener Karolinum für Arbeiterfamilien. Auch die ersten Haushaltsschulen verdanken ihrer Initiative ihr Entstehen. Weiters Erzherzogin Sophie, Tante und Schwiegermutter der Kaiserin, deren Leben und Wirken ja bekannt sind; der Kaiserin Bruder Carl Theodor, Herzog in Bayern, Doktor der Medizin und Augenarzt, führte als erster erfolgreich unzählige Staroperationen durch; schließlich darf auch der Kaiserin Schwester Marie, Königin von Neapel, nicht vergessen werden, die unter Lebensgefahr die Festung Gaeta verteidigte.

Nicht Elisabeth, sondern deren ältere Schwester Helene sollte die Braut des Kaisers werden und war danach erzogen worden. Jedoch, es kam anders, und der Kaiser verliebte sich in die blutjunge Elisabeth auf den ersten Blick. Jedermann war zufrieden, auch die streng dynastisch denkende Erzherzogin Sophie, handelte es sich doch um eine Prinzessin aus einem in Österreich sehr populären regierenden und christlichen Hause.

Als die gut sechzehnjährige liebreizende Braut, empfangen von einer begeisterten Menschenmenge, in Nußdorf am 22. April 1854 an Land ging, ahnte sie wohl, daß keine leichte Aufgabe ihrer harrte. Noch lebten Kaiser Ferdinand und dessen Gemahlin, die Kaiserin Maria Anna, sowie die Kaiserinwitwe Karolina Augusta. Es gab also gleich drei Kaiserinnen in Österreich. Elisabeth hatte wohl bald erkannt, daß sie kritischen Vergleichen würde unterzogen werden, denen sie standhalten mußte.

Die junge Kaiserin sah ihre wichtigste Aufgabe darin, ihrem Gemahl in ungünstigen innen- und außenpolitischen Situationen beizustehen; so reifte in ihr die Überzeugung, daß die Ungarnfrage das am dringendsten zu lösende Problem sei. In der ungarischen Opposition kämpften zwei Richtungen um die Vorherrschaft. Während der radikale Flügel unter Kossuth eine totale Trennung von Österreich anstrebte, setzte sich im gemäßigten Lager unter Andrássy die Meinung Deáks und Tiszas durch, daß Ungarn als von Österreich abgetrennter, unabhängiger Staat unweigerlich unter die Herrschaft Rußlands kommen und dieses letzten Endes sodann die Kontrolle über den ganzen Donauraum bis zum Schwarzen Meer ausüben würde.

Im Jahre 1908 wurde das „Königin Elisabeth Museum“ als Teil des Ungarischen Nationalmuseums in der Budapester Burg eröffnet. Dazu stiftete die allernächste Umgebung der Kaiserin zahlreiche wertvolle Gegenstände aus dem Leben der Kaiserin, unter anderem auch ihre ungarische Handbibliothek, Bilder, Einrichtungsgegenstände, Fotos, Kleidungsstücke (vgl. dazu Emerich von Szalay, Das Königin Elisabeth Gedenkmuseum, Budapest 1907). Zeugnis für das Weiterleben Elisabeths im ungarischen Bewußtsein mag auch der Blumenstrauß mit Schleife in den ungarischen Nationalfarben auf ihrem Sarge in der Kapuzinergruft sein.

Durch glaubwürdige Zeugnisse ist verbürgt, daß das Zusammenleben des Kaiserpaares von Treue und herzlichstem gegenseitigen Verständnis getragen war. Schwerste Schicksalsschläge mußte die Kaiserin hinnehmen. Als Zwanzigjährige traf sie der Tod der heißgeliebten kleinen Tochter Sophie in Ungarn. So ist auch ihre unaufhörliche Sorge um das Wohlergehen von Kaiser und Kindern verständlich. Nur einmal nach der Tragödie von Mayerling legte sie die Trauerkleidung ab – zur Hochzeit ihrer Tochter Marie Valérie im Jahre 1890. Niemals wieder trug sie Schmuck. In diesen Jahren bis zu ihrem Ableben hielt der Tod reiche Ernte in ihrer Familie: ihr Vater, ihre Schwestern Helene und Sophie, ihr Bruder Max Emanuel, ihr Schwager Erzherzog Carl Ludwig.

Als ihr Leben am Genfer See am 10. September 1898 durch Mörderhand beendet worden war und Kaiser Franz Joseph die Schreckensbotschaft erhalten hatte, sagte er zu seinem Generaladjutanten, Graf Paar: „Niemand weiß, wie sehr ich diese Frau geliebt habe.“

Gerne und oft weilte die Kaiserin in der Hermesvilla im Lainzer Tiergarten, oft im Kreise ihrer Familie, ihrer Töchter, Schwiegersöhne und Enkelkinder.

Möge also diese Ausstellung hier ein weiterer Schritt auf dem Wege sein, dem Bild einer großen ungewöhnlichen Frau gerecht zu werden.

Franz S. Habsburg Lothringen

Franz S. Habsburg Lothringen

William Blake, *„O! how I dreamt of things impossible…“*, © London, The British Museum

KEINE THRÄNEN WIRD MAN WEINEN, /

Susanne Walther

Wird nicht seufzen, wird nicht klagen; / Fröhlich wird die Sonne scheinen / Auch an meinen Sterbetagen. – So schrieb Kaiserin Elisabeth im Sommer 1886 kurz nach dem Tod ihres königlichen Cousins Ludwig II. von Bayern. Tatsächlich schien an jenem 10. September 1898, als sie in Genf einem Attentat zum Opfer fiel, die Sonne.

Elisabeths Gedicht, eine Variante zu Heinrich Heines „Keine Messe wird man singen" („Gedächtnisfeier"), mündet in die Feststellung, sogar Marie Valerie, die innig geliebte jüngste Kaiserin-Tochter würde ihre Mutter bald nach deren Tod vergessen haben, nämlich „Eh' ein Jahr sich hinbegeben": „Darum weise, wer hienieden / Seine Bahnen einsam wandelt, / Der die Liebe stets gemieden, / Wahrlich! der hat klug gehandelt!"

Ein junges Mädchen begegnet seinem Traumprinzen, heiratet ihn und sieht sich in seinen Hoffnungen enttäuscht. Das ist, auf den Punkt gebracht, Elisabeths Geschichte. Mit der eigenen Problematik beschäftigte sich Franz Josephs Gemahlin oft und ausführlich. In ihren Gedichten hat sie versucht, sich als starken, autonomen Charakter darzustellen, dem Liebe nichts anderes als Schwäche bedeutet und Voraussetzung für unausbleibliche Frustration. Gleichzeitig betrachtete sie sich aber auch als Opfer ihrer Liebesbereitschaft und Sensibilität, womit sie an das Mitgefühl ihrer Umgebung und etwaiger LeserInnen appellierte. Dieser Widersprüchlichkeit war sich Elisabeth durchaus bewußt. Dank ihrer Begabung zu differenzierter Betrachtungsweise hatte sie die Möglichkeit zur genauen Analyse. Damit konnte sie Schwierigkeiten zwar definieren, aber nicht beheben. Dennoch blieb sie konsequent dabei, Sachverhalten ambivalent zu begegnen. Im Spannungsfeld zwischen Intellekt und Emotion, Prinzipientreue und Autokratie bestimmte sie den eigenen Standort und bemühte sich, ihn als gesichert anzuerkennen. Bei den ihr abverlangten Aufgaben fehlte ihr ein Vorbild, an dem sie sich hätte orientieren können oder wollen. Um sich in das System bestehender Werte und Normen einzuordnen, stellte sie dieses zunächst in Frage. Einiges davon übernahm sie, weil sie es für wesensgemäß hielt, und erklärte es zur Maxime ihres Handelns.

Im Star-Poster des berühmten Winterhalter-Bildes als „Schönheit für die Ewigkeit“ konserviert, erscheint Elisabeth – mit Sternen im Haar statt einer Krone dargestellt – als Inbegriff einer Märchenprinzessin. Daß sie sich selbst so sah und so gesehen werden wollte, war aber nur die eine Seite der Medaille; die andere zeigte eine nach heutiger Auffassung „moderne“ Persönlichkeit intellektuellen Zuschnitts. Vor allem aber verkörperte Elisabeth ein buntes Kaleidoskop unterschiedlicher Frauenbilder, insgesamt Leitmotive für weibliche Standortbestimmung und deshalb weiterhin aktuell.

Schöne Frau, komm mit mir in mein schönes Land. Die Menschen, die dort wohnen, betrachtet man mit Wohlgefallen, denn sie sind ohne Makel [...] Die Jungen werden nie alt [...] Eine Krone aus purem Gold will ich dir dort aufs Haupt setzen. Kommst du mit mir, Etain?

Midhirs Lied von der Anderswelt, Irland, 9. Jh.

Von allem, was beseelt ist und denken kann, sind wir Frauen das unglückseligste Gewächs [...] Wenn sie in neue Sitten und Gesetze kommt, muß sie die Seherin sein, da sie es nicht zu Hause gelernt hat, wie sie am besten mit dem Bettgenossen umgeht. Und wenn wir dies dann mühsam fertiggebracht haben und der Gatte mit uns lebt, freiwillig das Joch mit uns tragend, ist dies Leben beneidenswert. Wenn nicht, sollte man sterben.

Euripides, Medea, 230–241

Inszenieren in der Hermesvilla

WIE EINST DAS AUFSTELLEN EINER STATUE DER MELANCHOLIE

Checo Sterneck

Ein Besuch im Spätherbst. Das warme Licht des Nachmittags, das die Schatten schon länger werden läßt, taucht die Hermesvilla und den sie umgebenden Landschaftsgarten in jene theatralische Künstlichkeit, wie wir sie uns in der Verklärung solch geschichtsträchtiger Gebäude oft gerne ins Gedächtnis rufen möchten. Vor der Hintergrundfolie dieser idealen, beinahe zufälligen und natürlichen Inszenierung der Kaiserinvilla und ihrer Umgebung und mehr noch ihres ehemaligen Glanzes und ihrer Geschichte, gleichzeitig der Geschichte einer geheimnisvollen Frau, einer idealisierten Ikone des 19. Jahrhunderts, einer von Romantik und Schwermut, von schwärmerischer Sehnsucht und drängendem Fernweh Getriebenen, entwickelt sich die Gestaltungsidee einer Ausstellung, die in historischer Umgebung hundert Jahre nach Elisabeths absurd gewaltsamem Tod die Vielschichtigkeit und damit vielleicht auch einige Geheimnisse ihrer Person und Zeit entdecken helfen will.

Wie Elisabeth einst eine Statue der Melancholie aufstellen ließ, „um den etwas düsteren, wenngleich leuchtenden Prunk ihres Schlafzimmers noch zu steigern" (G. Martin), will die Ausstellungsgestaltung die vorgefundenen Räume zusätzlich theatralisieren.

Parallel zur inhaltlichen Konzepterstellung luden mich die Autorinnen der Ausstellung zu einem interpretativen Dialog, der sich in einer eigenständig gestalterischen Arbeitsweise konkretisierte. Im Spannungsfeld zwischen klischeehafter Idylle und Disharmonie entstand so etwas wie die vierte Version des Elisabeth-Bildes, das dem Besucher der Hermesvilla in 15 dramaturgisch variierbaren Stationen ein neu zu interpretierendes Bild der Kaiserin bietet.

Eine erste Version ist ja eindeutig in den subjektiv gemalten, photographierten oder lithographierten Portraits zu erkennen, eine zweite ergibt sich durch die Rezeption und Verarbeitung der Klischees im geschichtlichen Kontext, eine dritte und aktuelle schließlich in der Artikulation ganz eigener Sichtweisen, bei der Auswahl und der Gruppierung dieser „Primärinterpretationen" durch die wissenschaftlichen Autorinnen.

Meine innere Beziehung zum Ausstellungsort und den Bildnissen, Objekten und zitierten Textstellen aus Elisabeths Gedichten entwickelte sich vor allem durch assoziativ ergänztes Bildmaterial aus der Kunstgeschichte und anhand perzipierbarer Details in den Exponaten. Im besonderen waren es Details aus abgebildeten Kostümen und Bildhintergründen, Elisabeths äußerst individuelles Farbgefühl und das symbolisch deutbare Vokabular ihrer Poeme.

Die gestalterische Idee und Absicht fokussiert darauf, die Ausstellungsräume durch Rauminstallationen als „Seelenmembranen" lesbar und deutbar zu machen, mittels transparenter Gewebe und Folien (Seelen-)Räume zu schaffen, deren Formen plastische Symbole für Sisis Sehnsüchte und gedichtete Gemütszustände darstellen.

Begriffe aus dem Metaphern- und Zitatenschatz in den zahlreichen Berichten über die Kaiserin geben die Grundstimmung der Ausstellungsgestaltung vor: von geheimnisvoller Seele, von Blässe und flüchtigem Lächeln ist da die Rede, von morbider Melancholie, feenhafter Erscheinung, weiblicher Anziehungskraft, von naiver Bizzarrerie, endgültigem Verschwinden, ikonenhafter Schönheit oder verhaltener Ironie wird berichtet – allein schon daraus destilliert sich eine sinnliche Inszenierung – Fühlbares, Hörbares, Sichtbares bietet sich in unterschiedlichsten Varianten an.

Ein Rundgang durch die 15 Stationen der Ausstellung soll im folgenden das so angewendete spezifische Sisi-Repertoire der Inszenierung verdeutlichen.

Für diejenigen, die sich über das oberflächliche Abbild hinaus erstmals mit dem Bild der Kaiserin Elisabeth in der (Kunst-)Geschichte befassen, hat die gedrückte Stimmung, die ihr Anblick oft hervorruft, mit der bekannten und von ihr verabscheuten höfischen Etikette und deren Zwängen zu tun. Man ist nicht darauf vorbereitet, daß es anfangs nach der überraschenden Verlobung auch kindliche Erwartungen und unschuldig heitere Erlebnisse gab. Das keusche Weiß des Brautkostüms, der feierliche Flaggen- und Blumenschmuck, die nächtlichen Illuminationslampions der Wiener Bevölkerung für ihre blutjunge Kaiserin, und natürlich der fesche Kaiser – all dies bestimmt die Atmosphäre am Beginn des Rundganges. Obwohl bereits hier das Dreigestirn der familiären Autoritäten, in der streng hierarchischen Anordnung eines Triptychons, auf Unfreundlicheres weist.

Papierene Pappeln, Föhren, Obstbäume und in den Raum projiziertes Geäst und Gehörn dieser Rauminstallation verweisen in beinahe kindlich interpretierter Erinnerung an die romantische Lyrik Heinrich Heines (*Ich hab in meinen Jugendtagen wohl auf dem Haupt einen Kranz getragen...*) auf die idyllischen und arkadischen Landschaften Titanias und Dianas, und gleichzeitig aber auch auf den Lainzer Tiergarten und den Wienerwald als real existierende Zauberorte der Feenkönigin.

Keine Deutungsschwierigkeiten bereiten Oberon, der Esel, und Titania als Figuren auf einer in Marie Valeries Bettnische gestellten Bühnensituation dem Besucher.

Silbergrau gefärbt, derart die weibliche Wehmut charakterisierend, gibt ein Hauptvorhang eine Marionettenbühne frei, auf der ein Monitor Ausschnitte aus Max Reinhardts Verfilmung des „Sommernachtstraums" wiedergibt. Ein zweites Video kommentiert die Szene in langsam wechselnden Video-Stills aus dem Film und suggeriert uns Elisabeths Bilderwelt beim Verfassen von Gedichten.

In zwei kleinen, himmelblau gemalten Räumen und auf Fotografien in pastelltönigen Passepartouts kann „Titania" nach Madeira fliehen, kann sich dort nach dem geliebten Bayern sehnen und so der einengenden Wiener „Kerkerburg" entrinnen.

Eine phantomartige Silhouette, quasi nur der Schatten einer kaiserlichen Uniform am Ende der folgenden, farblich und lichtdiffus unbestimmt gehaltenen Raumkulisse, schaffen eine beunruhigende Szenerie.

Vorhangartige Stoffdrapierungen, wie von Geisterhand gerafft, enthüllen an fast leeren Wänden Abbilder eines scheinbar harmonischen Familienlebens.

Im Obergeschoß werden die Besucher zunächst mit einem der ersten Gedanken bei der Konzeption der Traumwelten, der amazonenhaften Elisabeth, konfrontiert. Die Tatsache nämlich der reiterischen Höchstleistungen der Kaiserin und ihre bekannte Vorliebe für die Achilles-Mythologie waren eine weit stärkere Anregung für meine Phantasie – aus der ich die optische Illusion zweier sich entgegengaloppierender Hufpaare bühnenbildartig zu entwickeln versuchte – als es die erst zu einem späteren Zeitpunkt feststehenden Exponate je gewesen wären.

Die symmetrische Teilung des Raumes symbolisiert die athletischen Parallelen zwischen den beiden historischen Charakteren.

Ein Nebeneinander zweier seelenverwandter Figuren ist auch in einem der folgenden Räume dargestellt. Erwiesenermaßen hat Meister Heine Elisabeth diktiert: „In eigener Lyrik imitierte sie den für ihn typischen Stil des abrupten Wechsels von Schmerz, Ironie und Sachlichkeit" (Ausstellungstext).

Eine Videoinstallation zweier schreibender Hände: eine Hand im vormärzlichen Herrenärmel, die andere damenhaft und perlenbeschmückt, versinnbildlichen diesen Vorgang.

Im von Ausstellungsaufbauten völlig freigehaltenen Schlafzimmer der Kaiserin manifestiert sich ein Grundprinzip der Inszenierung: Details der baukünstlerischen Ausstattung, die Möblierung und Aura der erhaltenen kaiserlichen Wohnräume der Hermesvilla sollen den Besuchern im „Sissi-Jahr" nicht vorenthalten werden. Gestalterische Eingriffe erlaubten wir uns deshalb nur in Form vereinzelter Licht-, Farb- und Tonelemente, in einigen Räumen transportieren empfindsam erdachte kleine Objektinseln in der Raummitte dramaturgisch notwendige Inhalte.

In dem von Charlemonts Deckengemälde dominierten Schlafzimmer Elisabeths etwa plazierten wir bescheidene Stelen mit Photos von handschriftlichen Textauszügen ihrer Gedichte, eine Hörstation, eine schmale Textfahne vor der Vertäfelung.

Ein eigenartiges Lampion-Objekt führt den Blick des Besuchers von hier in den Salon der Kaiserin. Es leuchtet in der Gestalt eines Mondes, ist auf einer Art Silberteppich plaziert und bestückt mit Leuchtbildern von Mond- und Sternengöttinen, Königinnen der Nacht, Nixen, der Sphinx und gefährlichen Sirenen. An den stoffbespannten Wänden hängen gleichsam dazu komponierte Gemälde und Photographien, Portraits einer nachtmelancholischen Elisabeth.

Im selben Raum, von einem Oval begrenzt, ein zweiter, halb begehbarer Lampion. In einem Hohlraum das kleine Abbild der Nymphe Egeria aus dem „Schönen Brunnen" Schönbrunns: Symbol einer nach Schönheit sehnsüchtigen Elisabeth. Je mehr sich der Besucher in die auratische Umgebung solcher Objekte und in die assoziative Auswahl der Exponate einläßt, desto vertrauter wird ihm diese Raumgestalt: er ist konfrontiert mit einem im Originalraum gefangenen, vollkommen künstlichen Möbel, das aber durchaus in Elisabeths Welt der Phantasien Platz hätte finden können.

Im zentralen ursprünglichen „Kirchensaal" überrascht ein smaragdgrünes durchscheinendes Gewebeoval in der Raummitte: zwei entfernte Territorien wurden „Zaubereilande" und vorübergehend Wahlheimat der Kaiserin, in denen sie Anteilnahme und Herzlichkeit fand – erst Ungarn und später Korfu.

Zwei Pavillons aus transparenten Tüllstoffen sind Hauptobjekte in der Inszenierung einer „marmornen" und einer „schwarzen" Elisabeth.

In ihrer Erscheinung und Dimensionen den „Lampion-Objekten" der vorherigen Stationen ähnlich, ist der eine mit seiner zart-marmornen Oberflächengestalt und den gipsernen Portraitbüsten in seinem Inneren die Metapher für ein sich versteinerndes Herzgefäß, der andere, in Farbe und Gestalt dem Zypressenhain auf Böcklins „Toteninsel" nachempfunden, erinnert an die seit Rudolfs Tod ausnahmslos schwarze Kleidung der Kaiserin.

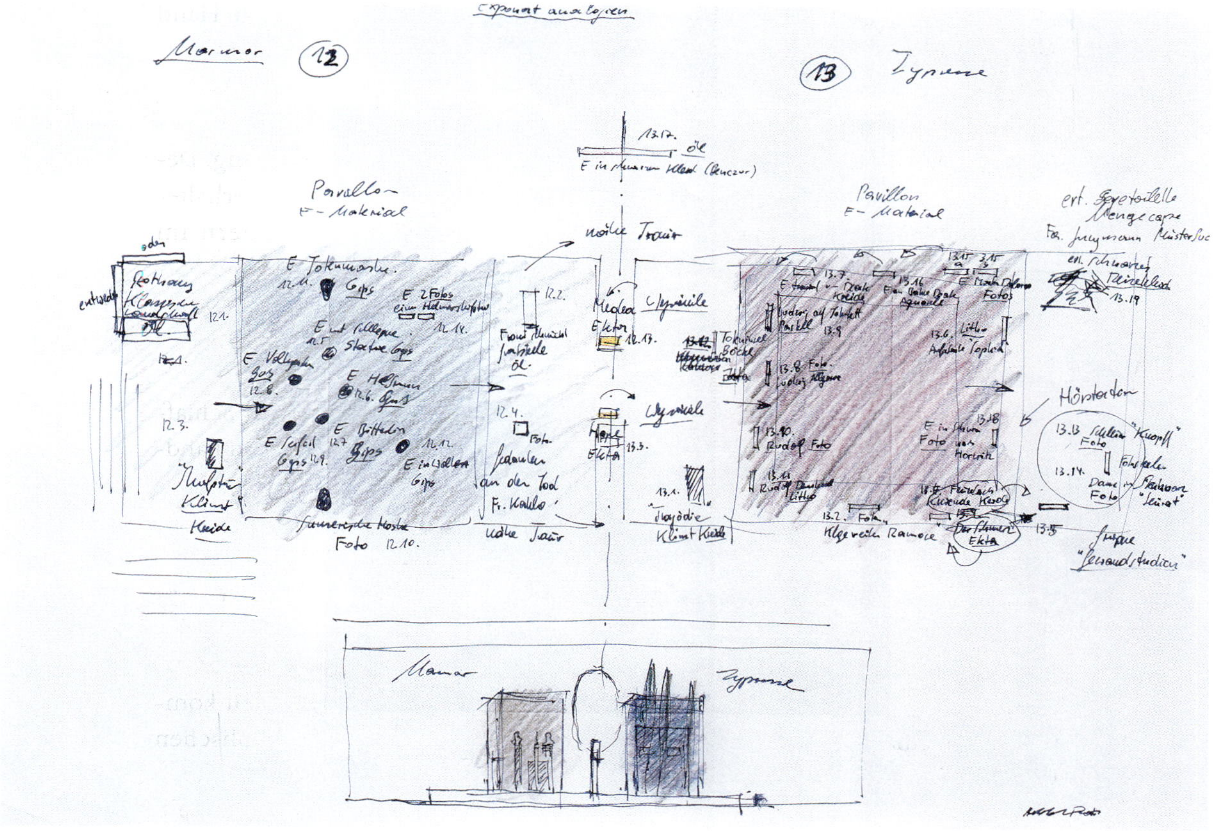

Skizze

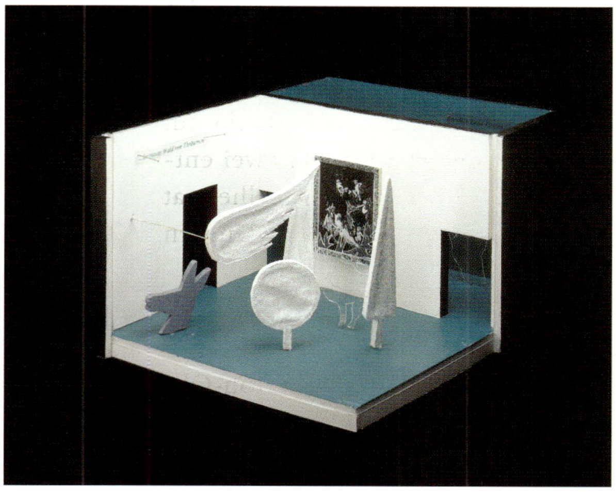

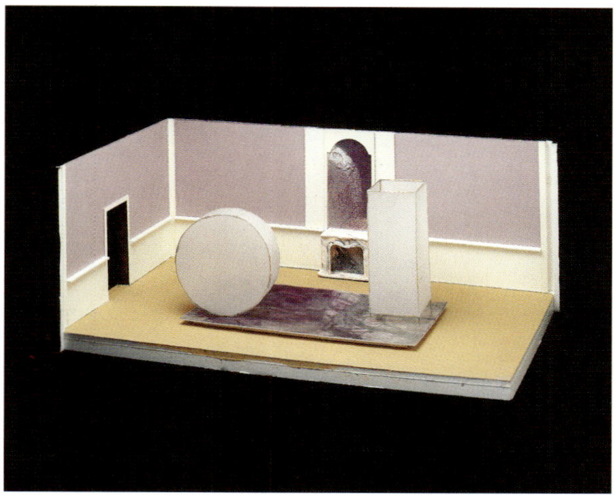

Modellfotos

Diese beiden textilen Seelen-Pavillons befinden sich zudem in Franz Josephs Arbeitssalon, weisen also, da ihm die Gattin mehr und mehr entschwand, auf analoge schwermütige Orte des Kaisers hin.

Die irrlichtartige Unruhe im Nebel und die nahe an das bekannte Ende verlegte Szene des folgenden Raumes schaffen eine Stimmung zielloser Unrast, weit entfernt von der fröhlichen Reiseneugier der 1860-er Jahre. Segelbewegungen auf dem Wasser, mittels durchsichtiger Gewebemalerei nachempfunden, suggerieren eine Empfindung vom intensiven Lebensgefühl der Kaiserin.

In einer sonnigen Raumnische, warm und beinahe freundlich, berichten zwei authentische Fotoserien von Sensation, Schaulust und Mitgefühl.

Elisabeth fiel an einem herrlich warmen Spätsommertag des Jahres 1898 in Genf einem Mordanschlag zum Opfer.

Der Tod einer schönen Frau
ist ohne Zweifel das poetischste Thema der Welt.
Edgar Allen Poe

Zu den Grundlagen der Legenden (um) Sisi / Evita / Lady Di

„STRATOSPHÄRE DES REINEN, UNENTWEIHTEN MYTHOS"

Michaela Lindinger

Für das Entstehen einer Kultfigur eine unverzichtbare Voraussetzung ist der sakrale Gedanke des (nach Möglichkeit tragischen) Sterbens der Protagonistin oder des Protagonisten. Kaiserin Elisabeth, Eva Perón und Prinzessin Diana sind tot, sie verließen diese Welt umgeben von einem Glorienschein. Dies ist der Beginn ihrer gemeinsamen Geschichte: auf verschlungenen Wegen in die „Hall of Fame".

You called out to our country,
And you whispered to those in pain.
Now you belong to heaven,
And the stars spell out your name.

Aus: Elton John, Candle in the wind 1997

Lady Di – „Queen of Hearts"

„Je mehr die Menschen mit Medien leben, je mehr ihnen das originale Leben verlorengeht, desto größer wird ihre Gier nach fremden Emotionen, die wiederum nur die Medien befriedigen können", schrieb die „Süddeutsche Zeitung" nach dem Begräbnis der am 31. August 1997 in Paris verunglückten Prinzessin von Wales. Milliarden Menschen verfolgten vor den

Lady Diana, 1981, Foto: Viennareport

Bildschirmen stundenlang den Trauerzug „ihrer" Diana. Hunderttausende kamen direkt nach London, mehr als je zuvor für einen Windsor. Die Heiligsprechung der „letzten Prinzessin" in den Köpfen unzähliger Trauernder hatte allerdings schon vor der Beerdigung begonnen. Eine Frau wartete beispielsweise volle neun Stunden in der endlosen Menschenschlange, um sich in eines der Kondolenzbücher, die am Aufbahrungsort St. James-Kapelle auflagen, eintragen zu können. In einem Mittelmeerland wäre man vermutlich auf Knieen gerutscht. Die Zeichen eines beginnenden Kults waren unübersehbar. England lag im Taumel einer Beerdigungswoche, die – so schien man zu hoffen-, bitte! bitte! nicht aufhören sollte. Um frische Blumen zu bekommen, telefonierten verzweifelte englische Floristen bis Südafrika. Die als kühl geltende britische Nation führte der Welt vor, wie „echte Trauer" auszusehen hat. Generationen- und parteienübergreifend erfaßte die Verehrung für die hübsche Prinzessin, die sich nach Jahren des ehelichen Unglücks, der Seitensprünge und gesundheitlicher Probleme aus dem „Kerker der Windsors" befreit hatte, alle Bevölkerungsschichten. In der St. James-Kapelle meinte ein Aids-Patient: „Mit Diana ist unser Engel gestorben. Sie war die erste, die im Alleingang zu Aids-Kranken gekommen ist und allen gezeigt hat, daß es noch Menschen sind." Geschichten dieser Art, die an Märtyrermythen erinnern, kursierten Anfang September zuhauf in London. In nicht einmal einer Woche wurde aus der Jet-Set-Prinzessin, die mit ihrem neuen Freund mehrere öffentlichkeitswirksame Urlaube nacheinander verbracht hatte, eine nationale Heldin, ein Massenidol.

Sie war seit ihrer Traumhochzeit 1981 die meistfotografierte Frau der Welt, eine ideale Projektionsfläche für Träume und Sehnsüchte. Durch ihren Tod im Alter von 36 Jahren schien sich diese Macht zu vervielfachen. Das Aussehen Dianas, ihr (Mode-) Stil, ihr „tragisches" und doch so alltägliches Schicksal ließen sie zu einer Legende werden. Beinahe jede/r glaubte, sich mit einem ihrer Probleme (Untreue in der Ehe, übermächtige angeheiratete Verwandtschaft, Eßstörungen, Depressionen etc.) identifizieren zu können. Doch die Beobachter aus der Ferne unterschätzen meist die in einem solchen Fall sehr bedeutungsvollen situationalen Faktoren. Die Verhaltensweisen der Agierenden werden auf die Persönlichkeit (in unserem Fall Diana) und nicht auf soziale Zwänge zurückgeführt. Diana selbst hingegen machte eher die Situation für ihr Tun verantwortlich. Beim Star-Kult um die ehemalige Hilfskindergärtnerin und spätere „Royal Highness“ handelt es sich wohl um die „global inszenierte Verfilmung eines Groschenromans“, wie der österreichische Schriftsteller Josef Haslinger in der Fernsehsendung „Zur Sache“ im September 1997 konstatierte.

Der pummelige Teenager Diana reifte äußerlich zu einer attraktiven Rebellin gegen die konservative Etikette und diente besonders nach ihrer Scheidung zahlreichen Geschlechtsgenossinnen als Vorbild, auch wenn diese Nachahmerinnen übersahen, sich nach einer Trennung vom Lebenspartner mit ganz anderen existentiellen Schwierigkeiten herumschlagen zu müssen. Die „First Lady des globalen Dorfes“ zierte die Titelblätter von Hochglanzmagazinen – doch der eigene Ehemann wollte sie nicht. Sie strahlte nach außen – und verfiel innerlich in Schwermut. Ein bißchen Märchenprinzessin, ein bißchen Mutter, ein bißchen Model und dazu eine Prise Emanzipation: Diana präsentierte sich als eine Frau zwischen gestern und heute, wollte Subjekt und Objekt gleichzeitig sein und manövrierte sich durch allzu offenherzige Bekenntnisse vor laufenden Fernsehkameras in eine Sackgasse. Doch ihre Zerrissenheit beschäftigte die Phantasien der „Diana-Konsumenten“ und machte sie (Diana) zum Identifikationsmodell. Die Medienprinzessin suchte eigene Wege, doch es fehlte ihr die notwendige Kraft, ihr Leben grundlegend zu verändern. Sie verletzte die Spielregeln der königlichen Familie, doch sie erlag immer wieder den Verlockungen der Eitelkeit. Privatautos, Yachten und teure Kleider waren fixe Bestandteile ihres Alltags, und doch wurde sie dafür mehr bewundert als kritisiert. Schließlich zerbrach sie an jener Bilderlawine, die sie selbst losgetreten hatte.

Der Tod der Lady Di in einem Pariser Autobahntunnel förderte die Legendenbildung um sie in beträchtlichem Ausmaß. Als tragische Figur evoziert sie den Mythos geradezu, obwohl – oder gerade weil ? – sie in ihrem kurzen Dasein weder Außergewöhnliches gesagt noch getan hat. Jedenfalls konnte man nach ihrem Unfall „live“ miterleben, wie sie zu einer Ikone wurde. Im unendlichen Blumen- und Briefemeer vor dem Kensington-Palast schrieb Terry (7), mit Buntstift auf ein Blatt Papier: „Diana, hier unten warst du ein Star. Jetzt bist du ein Stern am Himmel.“

Diana ist das Altern erspart geblieben. Wie Schneewittchen bleibt sie im symbolischen Glassarg jung. Die Fülle von weißen Blüten auf ihrem Sarg – weiße Lilien und ein Kranz aus weißen Rosen von Prinz Harry – sprechen eine deutliche Sprache. Ein Bestandteil des Mythos, den ihre Verehrer auf die tote Prinzessin projizieren, ist ja auch jener des unschuldig mißbrauchten Opfers, das seine Reinheit behält. Lady Di wurde zum Exempel der unglücklichen Frau. Ihre turbulenten Gefühle, ihre Männer, ihr Hang zu Publicity, Eßstörungen und Depressionen, Fitnesskult und Einkaufstouren spannten eine Brücke zu Menschen auf allen Kontinenten.

„Sie war ein Wunder aus dem Märchen, die herrliche romantische Realität unserer kollektiven Träume.“ (USA Today)

Eyes, hair, face, image
All must be preserved.
Still life displayed forever
No less than she deserved.

Aus: Andrew Lloyd Webber / Tim Rice, Evita

Evita – Die Proletarierkönigin

Die Wiener Illustrierte „News" verglich das Begräbnis der Prinzessin von Wales mit dem einer tatsächlichen First Lady, der argentinischen Volksheldin María Eva Duarte de Perón. „Evita" – so ließ sie sich von der Bevölkerung nennen – starb am 26. Juli 1952 mit 33 Jahren. Ihr Tod war kein plötzlicher, unerwarteter, sondern es ging ihm ein mehrjähriges (lange Zeit geheimgehaltenes) Krebsleiden voraus. Eine zweiwöchige Staatstrauer wurde angeordnet. Anfangs hatte die autoritäre Regierung drei Tage veranschlagt, doch wurde sie vom sogar im überschwenglichen Südamerika bisher nie gekannten Ausmaß der Trauer davon überzeugt, daß der Abschied von der „Jefa Espiritual de la Nación" (Geistigen Führerin der Nation) länger dauern müsse. „Ich habe nie gewußt, daß man sie derart geliebt hat", sagte Juan Perón, Ehemann und Staatspräsident, als der Kondukt vorbeidefilierte.

Wie wir es bei Diana gesehen haben: Kein Gefühl der Trauer wirkt ansteckender und universeller als die Trauer über einen Tod in jungen Jahren. Evitas Sarg mit dem gläsernen Deckel war von weißen Nelken umkränzt, drinnen lag im weißen Kleid die auf ewig unverwesliche (da einbalsamierte) „Königin". Auf bemerkenswerte Entsprechungen in den klassischen Kindermärchen wurde bereits verwiesen: Schneewittchen, Dornröschen, aufgehalten an der Schwelle zum eigentlichen Leben.

Die „Untertanen" bückten sich und küßten das Glas. Jemand behauptete, durch diesen Kuß von einer Krankheit geheilt worden zu sein. In den Straßen von Buenos Aires türmten sich Lilien, Nelken, vor allem Callas zu beinahe haushohen Tunnels. Ein großer Teil der argentinischen Mittelschicht, die „diese Schauspielerin" (d.i. Evita) abgelehnt hatte, vergaß gehorsam alle Vorurteile und weinte mit.

Zum Dienstmädchen oder – bestenfalls – zur drittklassigen Darstellerin billiger Melodramen geboren, hatte Eva Duarte es gewagt, den ihr bestimmten Platz zu verlassen. Sie stilisierte sich zu „Evita", der blonden Fee, die Leprakranke und Zerlumpte öffentlich umarmte. Gleichzeitig stellte sie sich in funkelnden Juwelen zur Schau und erschien selbst im heißesten Sommer in (echten) Pelzen. Doch ihre „descamisados" (wörtlich: Hemdlose; Proletarier) liebten sie dafür. Sie fühlten sich durch Evitas neureiche, „königliche" Aufmachung nicht gedemütigt, sondern gerächt. Allein durch ihren Auftritt – die Politik war für die Schauspielerin Duarte nichts anderes als eine riesige Bühne – schien sie zu verkünden: Mit Hilfe des peronistischen Regimes könnt auch ihr so werden wie ich. Die Arbeiter gönnten ihr den Luxus, feierten ihn regelrecht. (In ihrem Testament vermachte sie ihren gesamten Schmuck dem argentinischen Volk – ein Wunsch, der ihr nicht erfüllt wurde.) Hauben, Kappen, Blumen, Federn, Tücher – vor der Europa„tournee" 1947 diente jede Art von Kopfschmuck dem ursprünglich brünetten Starlet aus der Pampa als plebejischer Ersatz für eine Krone. Nach ihrem stilbildenden Aufenthalt in Frankreich trug sie das blondgefärbte Haar nie wieder offen, sondern nur mehr als im Nacken gebundenen Knoten: die neue strahlende Krone der First Lady. Evita tobte, wenn sie nur den leisesten Schimmer ihrer dunklen Haarwurzeln erblickte. Ein zusätzliches Kapital war die Blässe ihrer Haut. Hell und blond – diese Stilisierung verlieh ihr ein ätherisches Aussehen, von innerer Schönheit, gänzlich rein. Die Pastelltöne, die ihr offizielles Porträt färbten, rückten es nahe an das Bild einer Heiligen.

Eva Perón, 1950

Während sie sich in ihrer Zeit als Filmschauspielerin vielen Diäten unterworfen hatte, um ihrem Hang zur Gewichtszunahme entgegenzuwirken, ernährte sie sich später fast nur mehr von Obstsäften. Durch die fortschreitende Krebserkrankung nahm sie weiterhin ab. In den Augen ihrer Anbeter erschien sie als perfektes Opfer: es entstand die Legende, daß sie ihre Gesundheit aus Liebe zu den Armen hergab.

Als die mächtige Gewerkschaft C.G.T. Evita als Vizepräsidentin zu installieren versuchte, verzichtete sie schließlich auf die Kandidatur – wegen der Schwere ihrer Krankheit, weil es der Präsident als Provokation aufgefaßt hätte, weil die Streitkräfte und die Kirche sie ablehnten. Die Überlegungen, die zu ihrem Verzicht führten, gelangten über den engsten Kreis ihres „Gefolges" nicht hinaus. Die Koinzidenz von politischem Verzicht und der nun für alle sichtbaren Erkrankung verlieh Evita einen mythologischen Status. Die untersten Bevölkerungsschichten versanken nach der Bekanntgabe des Leidens der „Presidenta" in einer Welle von Spiritualität. Vor dem Zimmer der Todkranken knieten und beteten die „Gläubigen". Beim Unzué-Palast, dem Wohnsitz des Präsidentenpaares, hielt eine Gruppe von Jüngern eine ständige Mahnwache, um die Gesundung der „compañera" (Genossin) zu erflehen. Eva Perón verkörperte die klassischen „weiblichen" Eigenschaften Liebe und Opferbereitschaft: eine heilige Mittlerin zwischen Gott und den Sterblichen und zugleich (politische) Märtyrerin. An ihrem Todestag wurde Argentinien von ausufernden Szenen kollektiven Schmerzes erschüttert. In den Elendsvierteln hatte jede Baracke einen Evita-Altar, improvisiert mit einem Foto von ihr, mit Kerzen und Blumen.

Abgesehen von Lady Diana wurden in diesem Jahrhundert keiner anderen Frau so andächtige posthume Liebesbezeugungen zuteil, wie Evita sie auslöste. Blumen waren überall ausverkauft und mußten deswegen aus Chile eingeflogen werden. Das „glitzernde Aschenputtel der descamisados" (John Barnes) liegt heute auf dem repräsentativen Friedhof „La Recoleta" in einer vier Meter dick gepanzerten Kammer im zweiten Untergeschoß einer prächtigen Gruft. Das geflügelte Wort „Es ist leichter in den Himmel zu kommen als nach La Recoleta" bezeugt die große Bedeutung dieser Grablege. (Juan Perón wurde auf dem Plebejerfriedhof von Buenos Aires „La Chacarita" begraben.)

„Evita está presente" (Evita ist hier) verkünden noch heute zahlreiche Hausmauern, Bahnhofsgebäude und beschmierte Plakatflächen in vielen argentinischen Städten.

Ich möchte vom Drahtseil herabseh'n auf diese Welt,
ich möchte aufs Eis geh'n und selbst seh'n, wie lang's mich hält.
Was geht es dich an, was ich riskier.
Ich gehör nur mir.

Aus: Michael Kunze / Sylvester Levay, Elisabeth

Sisi – *Die anarchistische Kaiserin*

„Es ist ein millionenstimmiger Trauerchorus, den man vernimmt", meldete die Tageszeitung „Neues Wiener Tagblatt" 1898 nach der Ermordung der Kaiserin Elisabeth von Österreich. Ihr spektakuläres Ende am Genfer See erhob die unstete, ruhelose, einstmals vielleicht schönste Frau Europas zweifellos in den Rang einer Ikone. Schon ihr Aufstieg hatte sämtliche Anforderungen jener erfüllt, die nach jedem bißchen Abglanz aus der Welt der Kaiser und Könige, Reichen und Schönen hungern: Als 16-jähriges schüchternes Mädchen wurde sie Ehefrau eines sehr begehrten und umworbenen Monarchen. An der Seite des berühmten Mannes erblühte das bayrische „Naturkind" zu einer gefeierten Schönheit, zu einer vermögenden und in gewissen Belangen durchaus einflußreichen Frau. Schwierigkeiten in der Ehe, Probleme mit der spanischen Hofetikette und Krankheit bewogen Elisabeth zu einer Art Flucht aus dem goldenen Käfig, in den eine österreichische Kaiserin traditionell gehörte. So weit, so schön – und bereits aus den obigen Ausführungen bekannt. Unerläßlich für die Entstehung des „Mythos Sis(s)i" sind aber die Tragödien ihres Lebens, wobei an erster Stelle der Selbstmord ihres einzigen Sohnes Rudolf zu nennen ist. Von diesem Schicksalsschlag erholte sie sich nicht mehr.

Seit über 100 Jahren hat man nicht aufgehört von ihr zu sprechen. Elisabeth ist in das vergangene 19. Jahrhundert eingetreten „als sei sie an die verkehrte Tür geraten." (Paul Morand) Eine Kaiserin für Demokraten, sogar für Anarchisten, die Kriege, Ehrungen, Hierarchien für nichtig hielt, die gegen den eigenen – aristokratischen – Stand revoltierte.

8.2 *Elisabeth im Galakleid*
Franz Xaver Winterhalter, 1865 (Zweitfassung)

Im „Revolutionären Katechismus“ (1865/66) hatte Michail Bakunin eine umfangreiche Zusammenstellung seiner Grundprinzipien vorgelegt, die als Leitmotive für Sisis Leben gelesen werden können: „Die Freiheit ist das absolute Recht aller erwachsenen Männer und Frauen, für ihre Handlungen keine andere Bewilligung zu suchen, als die ihres eigenen Gewissens und ihrer eigenen Vernunft, nur durch ihren eigenen Willen zu ihren Handlungen bestimmt zu werden, und folglich nur verantwortlich zu sein ihnen selbst gegenüber (...). Die Freiheit jedes mündigen Individuums (...) muß absolut und vollständig sein; Freiheit zu gehen und zu kommen, laut jede Meinung auszusprechen (...). Über die eigene Person (...) nach Belieben zu verfügen, ohne jemandem Rechenschaft abzulegen."

Nach verschiedenen Auseinandersetzungen mit Erzherzogin Sophie und Franz Joseph über die Erziehung des Kronprinzen Rudolf gab Elisabeth dem Kaiser schriftlich folgendes „Ultimatum": „Ich wünsche, daß mir vorbehalten bleibe unumschränkte Vollmacht in Allem, was die Kinder betrifft (...). Ferner wünsche ich, daß, was immer meine persönlichen Angelegenheiten betrifft, wie unter anderem die Wahl meiner Umgebung, den Ort meines Aufenthalts, alle Anordnungen im Haus p.p. mir allein zu bestimmen vorbehalten bleibt."

Elisabeth war davon überzeugt, daß das österreichische Kaiserhaus all ihr Unglück verschuldet hatte. Daß ihr eben dieses Kaiserhaus ein Leben in Luxus, Komfort und Aufwand ermöglichte, nahm sie jedoch wie selbstverständlich für sich in Anspruch. Bereits als 22-jährige hatte die Kaiserin für einen mehrmonatigen Aufenthalt in Madeira Wien und den Boden der Monarchie verlassen. Einen weiter entfernten Erholungsort hätte sie kaum wählen können, selbst bei Hof wußten manche gar nicht, wo diese wenig bekannte Insel überhaupt liegt. Auf dem Atlantikeiland wurde sie von Ehrenkavalieren umschwärmt und hofiert; die nunmehr erwachsene Sisi wurde zu einer fordernden, sich der Wirkung ihrer außerordentlichen Schönheit durchaus bewußten Frau. Weilte sie in der Haupt- und Residenzstadt Wien – was im Lauf der Zeit immer seltener vorkam – liefen die Leute zusammen, um die feenhafte Erscheinung ihrer Monarchin aus der Nähe betrachten zu können. Ausländische Diplomaten und internationale Journalisten berichteten in ihren Heimatländern von der unwirklichen Haarpracht und der auffallend hochgewachsenen Gestalt der österreichischen Kaiserin. Elisabeth war eine Weltsensation. Neugierige reisten nach Wien vor allem in der Hoffnung, einen Blick auf dieses Wunder an Schönheit werfen zu können. Reproduktionen der drei berühmten Gemälde des Hofmalers Franz Xaver Winterhalter zirkulierten in Europa und verbreiteten als Massenmedien des vorigen Jahrhunderts den legendären Ruhm von Sisis Aussehen. Besonders jenes Bild, auf dem sie das weiße, goldbestickte Ballkleid und die Diamantsterne im kunstvoll geflochtenen Haar trägt, machte sie zu einem Star, dem viele adelige Damen nachzueifern versuchten. Friseure priesen per Zeitungsinserat Haarteile an, um auch Sisi-Imitatorinnen, die die Natur nicht mit bis zu den Kniekehlen reichenden Flechten gesegnet hatte, die „Kaiserin-Frisur" zu ermöglichen.

Elisabeth hegte zwar leidenschaftlich ihre Seele und ihren Körper, züchtete ihre Originalität bis zum Exzeß, wachte narzistisch über ihr – geringes – Gewicht und ihre – schmale – Taillenweite, tat dies aber einzig und allein für sich selbst. Sie haßte es, angestarrt und „wie der Affe im Werkel" (Elisabeth) bestaunt zu werden. Folgerichtig bewunderte die gesamte Welt die Kaiserin, in Österreich begegnete man ihr aber mit zunehmendem Befremden. So wurde zum Beispiel Sisis Interesse für „Narrenhäuser“ als eine ihrer vielen Skurrilitäten aufgefaßt, reichlich bespöttelt und als vollkommen unkaiserlich abqualifiziert. Tatsächlich besuchte sie bevorzugt und auch im Ausland Irrenanstalten, wo sie sich eingehend nach den Schicksalen der Geisteskranken erkundigte. Neuen Therapieversuchen gegenüber zeigte sie sich sehr aufgeschlossen und sie war einmal Zeugin einer Hypnotisierung – einer damals aufsehenerregenden, neuartigen Methode. Diese Vorliebe der Kaiserin kann als typische Zeiterscheinung des ausgehenden 19. Jahrhunderts gewertet werden, sie gehörte zur damals modernen „Décadence“-Stimmung des Fin de siècle. Für das Gedicht „Was ich liebe“ formulierte der Schriftsteller Felix Dörmann (1870-1928) treffend: „(...) Ich liebe, was niemand erlesen, / Was keinem zu lieben gelang: / Mein eigenes, urinnerstes Wesen / Und alles, was seltsam und krank.“ Ihrer Sorge um die von der Gesellschaft Ausgestoßenen verlieh die Kaiserin in ihrem „geistigen Testament“, dem Brief an die „Zukunfts-Seele“ (1890), Ausdruck. Darin hatte sie für die Drucklegung ihrer Gedichte folgendes verfügt: „(...) vom Jahre 1890 an in 60 Jahren sollen sie (= die Gedichte, Anm.) veröffentlicht werden zum besten politisch Verurteilter u. deren hilfebedürftigen Angehörigen. Denn in 60 Jahren (wird) so wenig wie heute (...) Freiheit auf unserem kleinen Sterne heimisch sein. (...)“

Die erste Wiener Gesellschaft, hoch an Adel, aber nicht unbedingt immer sehr geistreich, lehnte die „Launen und Grillen“ der ersten Frau im Staat ab. Elisabeth konterte mit strikter Verweigerung und haßte Wien desto mehr, je länger sie lebte, ging ihr dort doch der Ruf voraus, als Kaiserin, Gattin und Mutter kläglich versagt zu haben. Den Tod des Thronfolgers nahm sie zum Anlaß, sich vollkommen aus der Öffentlichkeit zurückzuziehen. Sie hüllte sich in schwarze Kleider und Schleier und geisterte in der Rolle einer „mater dolorosa“ durch Europa.

Als lebende Legende kultivierte Sisi ihr Geheimnis über mehrere Jahrzehnte. Die ehemalige Traumkaiserin versuchte angestrengt, ihren eigenen Mythos nicht zu zerstören. Sie ließ sich ab etwa ihrem 33. Lebensjahr nicht mehr fotografieren und saß keinem Maler mehr Modell, was die Legenden um ihre Schönheit wachhielt. Konserviert wie das niemals alternde Schneewittchen lebte sie im Gedächtnis ihrer Untertanen. Begegnen konnte man ihr lediglich im Ausland, und auch dort nur schemenhaft, ähnlich einem aufleuchtenden und rasch wieder entschwindenden Irrlicht. Fotografen verfolgten sie auf ihren Reisen, um ein sensationelles Foto ihres tatsächlichen Aussehens abliefern zu können. Es entstanden die heute bekannten Schnappschüsse: Elisabeth zu Pferd, sie hält einen Fächer vor ihr Gesicht; Elisabeth mit dem Kaiser auf einem Spaziergang, sie kerzengerade und mit dem unvermeidlichen weißen Schirm; Elisabeth an der Reling eines Schiffes, den Blick in die von ihr ersehnte Ferne gerichtet. Fern ihres Reiches ereilte sie schließlich ihr Schicksal: Sie, die Zwänge jeglicher Art seit ihrer Jugend bekämpft hatte, wurde irrtümlich Opfer eines sich als „Anarchist“ bezeichnenden Taglöhners.

„Und wenn ich einmal sterben muss, / dann legt mich an den Strand", hatte sich Sisi in einem ihrer Gedichte gewünscht. Doch das Hofzeremoniell forderte seinen Tribut. Die tote Kaiserin wurde wie fast alle Mitglieder des Hauses Habsburg in der Kapuzinergruft beigesetzt. Achthundert Kilogramm Lorbeerblätter bedeckten Wiens Straßen am Tag ihres letzten Weges durch die Stadt.

„Hall of Fame"

Der größte Erfolg von Kaiserin Elisabeth, Eva Perón und Prinzessin Diana lag in ihrem Scheitern. „Die Zeit ist mein größter Feind", hatte Evita wiederholt gesagt. Als hätte sie geahnt, daß viele der von ihr geschaffenen Einrichtungen zur Verbesserung der Lebenssituation der „descamisados" sie nicht überleben werden.

Sisi war von der Angst vor der fliehenden Zeit geradezu besessen, da diese ihr das größte Kapital – ihre Schönheit – entriß. Die Hoffnung, eine begnadete Dichterin zu sein, hatte sie in ihren späteren Jahren verloren; das einst über alles geliebte Reiten war aus gesundheitlichen Gründen längst passé. Und die Thronfolge ging auf eine andere Linie über. Hier war Elisabeth ebenfalls gescheitert.

Die Berichte über Dianas letzten Sommer vermitteln auf den ersten Blick den Eindruck, man hätte sie nie zuvor derart lebenslustig gesehen. Doch sie lebte schnell – als liefe ihr die Zeit davon. Sie hatte keine Chance mehr, sich im von ihr offensichtlich angestrebten „neuen Leben" einzurichten.

In ihrem Scheitern sind uns Evita, Sisi und Di unerreichbar und nah. Mit ihren Kurz- und Kosenamen bleiben sie unvergessen. Nachnamen benötigen sie nicht, auch keine „wirklichen" Biographien. Durch ihr schillerndes Leben und ihren schwarzen Tod in eine „Stratosphäre des reinen unentweihten Mythos" (Julie Burchill) entrückt, existieren sie als für immer junge Märchenprinzessinnen im kollektiven Gedächtnis der ganzen Welt.

Es gibt keinen Grund zum Weinen.

ELISABETHS SELBSTBILDER

Susanne Walther

In den Gedichten der Kaiserin ist wiederholt von Freiheit die Rede: Elisabeth bezeichnete sie als „Mutter", „Gott" und „Wort aus goldnen Lettern". Obwohl sie sich die Freiheit nahm, ihrer Freiheit zu leben, erlebte sie sich nicht wirklich als frei, sondern als Gefangene auf der Flucht vor äußeren, aber auch vor inneren Zwängen. Das Erfolgserlebnis, der Wiener „Kerkerburg" abermals entkommen zu sein, wurde in der Konfrontation mit des „Leibes Kerkernacht" relativiert; nicht nur durch die ihr auferlegten Verpflichtungen fühlte sich die Kaiserin eingeengt, sondern auch abhängig vom Diktat ihrer momentanen Befindlichkeit.

Was Freiheit bedeuten konnte, hatten Kindheitserlebnisse vermittelt. In der Umgebung des elterlichen Schlosses Possenhofen hatte die bayrische Prinzessin in der Art eines übermütigen Buben ihre sportlichen Fähigkeiten unter Beweis gestellt. Die Freiheit, sich frei zu bewegen, und das damit verbundene positive Körpergefühl blieben für Elisabeth bestimmend. Als Erwachsene trainierte sie hart und mit Ausdauer, um bei ausgedehnten Bergwanderungen, beim Reiten und Fechten möglichst lange „ihren Mann stehen" zu können. Um ihrem persönlichen Ideal, dem einer schlanken Athletin, zu entsprechen, unterzog sie sich strengen diätetischen Maßnahmen. Sie waren eines der Mittel zum Zweck, die Kindheit zu prolongieren, und somit Teil des gegenüber dem Ehemann und dem Wiener Hof entwickelten oppositionellen

Programms. Beiden begegnete die Kaiserin mit der Beharrlichkeit eines jungen Kriegers, für den Achilles das Vorbild darstellte. Gleichzeitig Held und Opfer, war diese Gestalt der griechisch-antiken Mythologie nach den Vorstellungen des 19. Jahrhunderts wahrhaft romantisch und somit ideales Identifikationsmodell für Elisabeth: „Er war stark und trotzig und hat alle Könige und Traditionen verachtet [...] Er hat nur seinen eigenen Willen heilig gehalten und nur seinen Träumen gelebt, und seine Trauer war ihm wertvoller als das ganze Leben."

Der damals weit verbreitete Freiheitsgedanke war inzwischen zur Alltagskultur geworden. Damit hatte er auch für die weibliche Sphäre Bedeutung erlangt. Dort galt er allerdings als Synonym für das eigentliche Ziel jeder „wirklichen" Frau, die Ehe. Selbstverständlich fehlten im Katalog der für weiblich gehaltenen Tugenden Heldentum und Kampfesmut, Begriffe, denen die Kaiserin hohen Stellenwert zumaß: „Furcht lass nie an dich heran/Nie den Vorsatz biegen,/Dir auch wird's dann kund gethan,/Willenskraft muß siegen!"

Die Affinität zu Eigenschaften, die dem männlichen Idealtypus der Romantik zugeordnet waren, hatte Elisabeths unzeitgemäß „freie" Erziehung ermöglicht. Gleichzeitig akzeptierte Franz Josephs Gemahlin aber vorbehaltlos das ebenso propagierte Ideal empfindsam-scheuen Mädchentums. Daß sie das Lernprogramm für „Höhere Töchter" mit Erfolg absolviert hatte, bewies sie mit ihrer dem Griechischlehrer Constantin Christomanos gegenüber geäußerten Kritik an der Frauenemanzipation. Zu Christomanos sagte sie auch, Mädchen heirateten um frei zu sein. Und als schwärmerisch verliebte Braut hatte sie gedichtet: „O Schwalbe, leih' mir deine Flügel,/O nimm mich mit ins ferne Land,/[...] Wie wollte ich begeistert loben/Den Gott, den man die Freiheit nennt."

Die Kaiserin, sicherlich eines der prominentesten Opfer der Gleichsetzung von Ehe mit Freiheit, stellte sie nie wirklich in Frage. Sie verzieh sich, daß ihre Erwartungshaltung als junges Mädchen jeden Bezug zur Realität hatte missen lassen und flüchtete in eine nach ihren Bedürfnissen konstruierte Traumwelt: „Glück lebt nur in Phantasien". Die schmerzlichen Erfahrungen, Resultat früherer Fehleinschätzung, stilisierte Elisabeth zu lebensphilosophischen Betrachtungen über die im Prinzip häßliche Wirklichkeit, den „Eselskopf" schöner Illusionen. Damit zitierte sie Shakespeares „Sommernachtstraum", ihr erklärtes Lieblingsstück. In ihren Gedichten beschrieb sie sich als Feenkönigin Titania, ging in dieser Verkleidung leichtfüßig und beschwingt durchs Leben, bedachte ihre Verehrer und den königlichen Gemahl (Oberon) mit mehr oder weniger sanfter Ironie und wurde von tiefer Schwermut erfaßt, als sie „beim Morgengrauen [...] Den Eselskopf im Arm" entdeckte.

Bei Shakespeare lebt Titania von Oberon getrennt. Beide verdächtigen einander der Untreue. Durch Zauber geblendet, verliebt sich Titania in den gleichfalls verzauberten, mit einem Eselskopf ausgestatteten Handwerker Zettel. Wieder sehend geworden, ist sie zur Versöhnung mit Oberon bereit. Allerdings liest sich diese Geschichte bei Elisabeth anders, denn dort fehlt das

Happy-End, und Oberon erscheint nicht als Sieger im ehelichen Machtkampf, sondern als Esel: „Voll Mucken stack's im grossen Kopf/Und hinterm Ohr faust-dick;/Zog ich ihn an dem grauen Schopf/Ward steifer nur's Genick./Wie oft hat er mich abgebockt,/Wenn ich mich fest gewähnt!/Nachgiebigkeit nur ab-gelockt,/Wenn ich ihn hübsch versöhnt." Wohlweislich wird übergangen, daß die von der Kaiserin beanspruchten Freiheiten ohne Franz Josephs der Gemahlin gegenüber oftmals bewiesene Toleranz undenkbar gewesen wären. Merkwürdig mutet an, mit welcher Offenheit die Verfasserin uns, der Nachwelt, über Privates berichtet. Auch ist daran zu denken, daß Spott und betont souveränes Auftreten häufig dazu dienen, latente Beziehungsängste zu kaschieren.

Der Verdacht, Elisabeth habe in ihren Vorstellungen von Ehe und Erotik (Sexualität) nie einer wirklich erwachsenen Frau entsprochen, verstärkt sich angesichts der nach jungmädchenhaft-schwärmerischer Art in Verse gekleideten Begeisterung für den Dichter Heinrich Heine, „Meister" und Seelenfreund der Kaiserin, und für Achilles, „den Hehren, den Herrlichsten". Vor solchen Idealen mußte zwangsläufig jeder in der Realität begegnende Mann verblassen, außerdem hatten die Gefährten aus dem Reich der Schatten den Vorteil, keine dem Erdenleben angepaßten Forderungen zu stellen: „Urplötzlich in Schrecken verloren,/Erblicket Titania Ohren/Von schaudererregender Länge,/Die drohen so vorwurfsvoll strenge./[...]/Entsetzenvoll stürzt sie von dannen, / Verschwindend im Dunkel der Tannen." Hier erscheint der „Eselskopf" der Wirklichkeit in mehrfacher Bedeutung, in einer davon als Metapher für patriarchalisch-autoritäre Strukturen, über die sich Elisabeth lustig macht, die sie aber auch fürchtet und denen sie sich durch Flucht entzieht. Somit nimmt die Kaiserin abermals die Position eines trotzigen Kindes ein, das gegen institutionalisierte Autoritäten aufbegehrt und sich nur über konsequente Verweigerung als selbständige Persönlichkeit zu definieren vermag. Derselben Gefühlsebene entsprechen die stereotype Klage über mangelndes Verständnis – „Die Seele gab es nie, die mich verstand" – und der Appell an die „Zukunfts-Seele": Als sich Elisabeth dazu entschloß, ihre Lyrik für eine Veröffentlichung nach ihrem Tod freizugeben, erwartete sie von der Leserschaft vor allem Seelenfreundschaft und erst in zweiter Linie eine Anerkennung als Dichterin.

Eine noch zu Lebzeiten der Kaiserin aus deren Schloß Achilleion auf Korfu in die Hermesvilla bei Wien übersiedelte Marmorskulptur stellt „Peri" dar, eine Lichtfee, „ die auf den Flügeln eines Schwanes über die Wellen gleitet und ein schlafendes Menschenkind an den Busen drückt." Diese durch das Tagebuch des Christomanos überlieferte Beschreibung ist seinem Bericht über das Peristyl des Achilleion entnommen. Dort heißt

Charles Francis Fuller, **Peri**, Wien, Hermesvilla

es weiter: „Als wir an der marmornen Fee vorüberkamen, blieb die Kaiserin stehen, Minuten in ihrem Anblick versunken – Ich komme täglich zu ihr, frühmorgens und am Abend, wenn es dämmert." Der Standort der Figur war so gewählt, daß von ihr die auf der unteren Gartenterrasse aufgestellte Großplastik „Sterbender Achilles" gesehen werden konnte: Dadurch in Beziehung gesetzt, fungierte die „gute Fee" des Achilleion gleichzeitig als Gefährtin (und Beschützerin) des antiken Helden, dem die Kaiserin ihr Schloß geweiht und nach dem sie es benannt hatte.

Fernand Jacques François Lematte
Madonna mit Kind
Wien, Hermesvilla

Als Modell für Elisabeths Identität entspricht die Peri demselben Typus wie Titania, welche im „Sommernachtstraum" gleichfalls für ein ihr anvertrautes Kind sorgt, selbst jedoch nie Mutter geworden ist. Beide Zauberwesen sind wahrhaft übersinnliche Gestalten von sich selbst genügender Mädchenhaftigkeit, Kind-Frauen im eigentlichen Sinn des Wortes und somit trotz weiblicher Attribute eher geschlechtsneutrale Symbole ewiger Jugend und Schönheit. Im Ideal eines ephebenhaften, ebenso elastischen wie biegsamen Körpers manifestierte sich Elisabeths persönlicher Ästhetizismus, gleichzeitig aber auch ihre grundsätzlich negative Einstellung gegenüber dem im Hause Habsburg üblichen reichen Kindersegen.
Im bürgerlichen Zeitalter wurde von erwachsenen, verheirateten Frauen verlangt, das Diktat der „Drei K" (Kirche, Küche, Kinder) zu befolgen, wobei im Falle der Gemahlin eines Regenten eher von den „Drei R" zu sprechen wäre, nämlich von Religion, Repräsentation und Reproduktion. Der Verpflichtung, für Nachkommenschaft zu sorgen, hatte sich die Kaiserin erst nach der Geburt des Thronfolgers entziehen können, ein „Wunschkind", Marie Valerie, kam erst zehn Jahre später zur Welt. Während ihrer Schwangerschaften vermißte Elisabeth das gewohnte sportliche Training. Sie litt unter der Beeinträchtung ihrer Kondition und fürchtete um ihre Figur, deren Veränderung von ihr als Anzeichen des beginnenden Alterungsprozesses gewertet worden wäre. Die bestmögliche Konservierung eines Selbstbildes, mit dem sie das Thema unvergänglicher Jugend und ebenso zeitloser wie zeitunabhängiger Schönheit illustrieren konnte, gelang der Kaiserin dank ihrer Veranlagung und der Konsequenz in der Anwendung geeigneter Maßnahmen. Sie vermied alles, was sie älter aussehen hätte lassen können, trug sich jugendlich-natürlich, bevorzugte Kleidung von unaufdringlicher Eleganz und verzichtete weitgehend auf Schmuck. Nach einer von eigenen Vorstellungen bestimmten Choreographie bewegte sie sich federnd, graziös und schnell. Ihre androgyne Erscheinung signalisierte Sensibilität und Energie, vereinigte also Aspekte der Titania-Peri mit solchen des Achilles.

Als zartgliedrige Fee oder knabenhafte Heldenjungfrau orientierte sich Elisabeth an den „Traumfrauen" männlicher Phantasien. Sie spielte aber auch die auch die Rolle einer „Femme fatale" und widmete deren äußerem Zeichen, dem langen lockigen Haar, ein umständliches und langwieriges Ritual. Diese Haarpracht evocierte den „männermordenden Vamp" in seinen zahlreichen Facetten, die rätselhaft-grausame Sphinx in gleicher Weise wie die extravagante Diva. Als „Femme fatale" enttarnte sich die Kaiserin auch in einem 1885 verfaßten Gedicht, „Das Kabinet": Dort beschrieb sie sich als „Frau Ritter Blaubart" ihrer Verehrer, wobei ihr die Stilisierung zur „kalten" Schönheit einen wahrscheinlich noch wirksameren Schutz vor etwaigen männlichen Machtansprüchen bot als andere Selbstbilder.

Edouard Richter, ***Orientalin***, Wien, Österreichische Galerie Belvedere (früher: Achilleion)

Lockende Wesen des Wassers und der Nacht, dunkle, fremdartige Gestalten voller Geheimnisse hatten sich während der Romantik in männlichen Lust- und Angstvorstellungen etabliert. Bei Heinrich Heine, ihrem unerreichten literarischen Vorbild, hatte Elisabeth gefunden, womit sie sich persönlich gemeint glauben konnte: „[...] Über die brandende See,/Dort, am hochgewölbten Fenster,/Steht eine schöne, kranke Frau,/Zartdurchsichtig und marmorblass,/Und der Wind durchwühlt ihre langen Locken,/Und trägt ihr dunkles Lied/Über das weite, stürmende Meer." Eine ähnliche Erscheinung, wie hier im „Sturm" beschrieben, begegnet in Heines „Der Schiffbrüchige": „[...] Ein schönes Weib, königlich schön./Die schlanke Cypressengestalt/[...]/Die dunkle Lockenfülle,/Wie eine selige Nacht/Von dem flechtengekrönten Haupt sich ergießend,/Ringelt sich träumerisch süß/Um das süße, blasse Antlitz [...]".

Mit solchen leidend-schönen Einsamen konnte sich die Kaiserin vor allem dann identifizieren, wenn sie unter den von ihr selbst so apostrophierten „Weltschmerztagen" litt. In der späteren Zeit ihres Lebens war das häufig der Fall. Wegen verschiedener Beschwerden hatte Elisabeth ihre sportlichen Aktivitäten einschränken müssen und damit wertvolle bewegungstherapeutische Maßnahmen zur Bekämpfung ihrer Neigung zur Schwermut verloren. Sie klagte über das Gefühl der Vereinsamung, stellte jedoch auch fest: „Zum Paradies ward die Verlassenheit."

Gefahr und Verlockung, versinnbildlicht durch Wasser und „Wasserfrauen", konnten für die Kaiserin eigene Gefährdung bedeuten. Obwohl Elisabeth eine ausgezeichnete Schwimmerin war, glaubte sie seit Ludwigs II. Tod im Starnberger See daran, einmal selbst zu ertrinken. Sie dichtete davon, ebenso wie der bayrische König oder auch Ophelia in „Das Rätsel, grundlos tief" zu versinken: „An meinen Haaren möcht' ich sterben,/[...]/O ginge doch mein Dasein über,/In lockig seidnes Wellengold [...]". Ein „Sterben in Schönheit", Kennzeichen tragischer Helden und Heldinnen, entsprach der morbiden Ästhetik der Zeit. Als die Kaiserin Ludwigs „Lilienszepter" und Titanias „Lilienthron" zitierte, war sie aber in erster Linie von Wielands „Oberon" und der gleichnamigen Oper Webers beeinflußt: Zumindest posthum hatte der

„Königsvetter" für seine Cousine den idealen Elfenkönig bedeutet. Diese kannte außerdem die metaphorische Übereinstimmung der Seelen Verstorbener mit männlichen und weiblichen Luftgeistern, zu denen als Sylph und Sylphide auch Oberon und Titania gehörten.

Vier Jahre nach Ludwigs Tod, im Juli 1890, heiratete Marie Valerie. Damals verzichtete Elisabeth endgültig darauf, das poetische Tagebuch fortzusetzen. Wenig später erwarb sie in einer Galerie in Florenz die vorhin erwähnte „Peri", eine von Charles Francis Fuller gearbeitete Skulptur, welche somit auch als Denkmal wehmütiger Erinnerungen und Symbol einer idealisierten Mutter-Kind-Beziehung angesehen werden kann. Ebenso bedeutete dieser Ankauf Elisabeths endgültigen Abschied von der eigenen Jugend und ihrem Selbstbild als Titania.

Melancholie
Wien, Hermesvilla

Damals war die Kaiserin bereits mehrfache Großmutter. Daß sie seit Rudolfs Tod im Jänner 1889 fast ausschließlich schwarze Kleidung trug, betonte die unverändert knabenhafte Silhouette. Konsequent verwendete Elisabeth schwarz umrandete Visitkarten, Taschentücher und anderes entsprechend gestaltetes Zubehör, womit sie das für Hoftrauer vorgeschriebene Reglement einer „Trauer auf Zeit" mißachtete. Außerdem setzte sie weitere deutliche Zeichen des Protestes gegen den Wiener Hof, der nach Ablauf der genau bemessenen Frist das Andenken an den verstorbenen Thronfolger zum Tabu erklärt hatte: Im Park des Schlosses Achilleion wurde ein Kronprinz Rudolf-Denkmal aufgestellt, im Kaiserin-Schlafzimmer der Hermesvilla die an eine Grabplastik erinnernde „Melancholie", und ein gleichfalls für das Haus im Lainzer Tiergarten bestimmtes Gemälde mit dem Titel „Friedensengel" könnte ebensogut „Todesengel" heißen.

Für Elisabeth waren das Selbstbilder besonderer Art. Sie bereicherten die „schlanke Cypressengestalt" der schönen Leidenden Heinrich Heines um die Nuance der assoziativen Verbindung mit dem „Reich der Schatten", das sich die Kaiserin, eine Verehrerin alles Griechischen, in der durch den antiken Mythos vorgegebenen Form vorstellte. Als „Dame in Schwarz" ließ sie einerseits an die Unterweltsgöttinnen Hekate und Persephone denken, andererseits an die ähnlich wie sie selbst gekleideten Griechinnen, Orientalinnen und „Klagenden Frauen" desselben Kulturkreises. Die (bühnen)bildhafte Umsetzung erfolgte im starken Hell-Dunkel-Kontrast einer zarten, schattenhaften Gestalt vor dem Hintergrund lichtdurchfluteter südlicher Landschaften. Zur geeigneten Kulisse wurde vor allem das Achilleion, wo in Schloß und Park ein „Heiliger Hain" marmorner Freunde entstanden war: Zu ihnen gehörten außer Göttern, Musen und Heroen nur wenige Sterbliche, nämlich die Dichter Heine und Lord Byron.

Später verlor Elisabeth jegliches Interesse an diesem „Fried-Hof" der besonderen Art. Zum immer schnelleren Wechsel ihrer Reiseziele wird überliefert, daß sie sich mit dem ewigen Wanderer Ahasver und dem als „Fliegender Holländer" bekannten rastlosen Kapitän eines Geisterschiffes verglichen haben soll. Die letzten Szenen im Leben der Kaiserin spielten allerdings zumeist im exklusiven Ambiente von Kurorten und anderen Treffpunkten der eleganten Welt, also in einer für die Inszenierung der betreffenden Selbstbilder völlig unpassenden Umgebung.

Elisabeths bewußtes oder unbewußtes Spiel mit Rollen war das Ergebnis genauer Beobachtung der eigenen Persönlichkeit. Im Bemühen um Selbsterkenntnis, Selbstbehauptung und Selbstverwirklichung definierte sich die Kaiserin über ihr adäquat erscheinende Symbole. Da deren Sprache dem 19. Jahrhundert durchaus geläufig war, konnte sie annehmen, sich auf dem Umweg über Assoziationen besser verständlich zu machen. Diese waren später wesentlicher Bestandteil des Elisabeth-Mythos, durch den die Protagonistin selbst zum Symbol erhoben wurde. Die Rezeption des auch von Heinrich Heine erzählten Märchens von den Schwanenjungfrauen ist dafür eines der Beispiele. „Sind sie Wassergeister? Sind sie Luftgeister? Sind sie Zauberinnen?" hatte der Dichter in „Elementargeister" (1834) geschrieben: „Manchmal kommen sie aus den Lüften als Schwäne herabgeflogen, legen ihre weiße Federhülle von sich wie ein Gewand, sind dann schöne Jungfrauen, und baden in stillen Gewässern [...] Musäus erzählt [...] die schöne Geschichte von einem jungen Ritter, dem es gelang, eines von jenen Federgewändern zu stehlen; als die Jungfrauen [...] davon flogen, blieb Eine zurück, die vergebens ihr Federkleid suchte [...] Sie kann nicht fortfliegen, weint beträchtlich, ist wunderschön, und der schlaue Ritter heirathet sie [...] Sieben Jahre leben sie glücklich; aber einst in der Abwesenheit des Gemahls kramt die Frau in verborgenen Schränken und Truhen, und findet dort ihr altes Federgewand; geschwind schlüpft sie hinein und fliegt davon." In Analogie dazu ließ Elisabeth Marie Valerie gewidmete Verse („An mein Kind", 1888) mit folgender Strophe enden: „Ich aber breite trauernd aus/Die weiten weissen Schwingen,/Und kehr' ins Feenreich nach Haus –/Nichts soll mich wieder bringen." Schließlich verfaßte der österreichische Lyriker Camill Hoffmann das 1904 veröffentlichte Gedicht „Die Schwäne":

Seitdem die schweigsame Kaiserin starb,
Sagt man, sind die Schwäne krank;
Sie nehmen nicht Speise, noch Trank.
Sie schlummern kauernd am toten Gestad',
Man läßt sie nun still, man weiß nicht Rat.

Doch was ein Diener weiter erzählt:

Um Mitternacht kommt der Mond hervor,
Die Bäume sind blau, der Teich ist blau,
Es scharrt kein Schritt, es knarrt kein Tor ...
Da steht am Teich eine hohe Frau.
Die Schwäne schwärmen am Wasserrand,
Sie speist sie alle aus weißer Hand.
Man hat sie nun oft und oft gesehn,
Doch niemand sah sie kommen und gehn.

Gottlieb Gassen, **Heinrich Heine,** 1828
Heinrich-Heine-Institut Düsseldorf

„MIR DÜNKT, DASS DU DICTIERTEST“

Kaiserin Elisabeths Dichter: Heinrich Heine

Joseph A. Kruse

1.

Inzwischen leben sie beide von der Legendenbildung und haben zweifellos beide dazu selber ein Gutteil beigetragen, die Kaiserin und ihr Dichter Heinrich Heine. Zum Teil aber waren sie auch ungewollt der Neugier des Publikums bis heute in einer Weise ausgesetzt, die zu den verwegensten Spekulationen verführte, beispielsweise am Ende des überaus erfolgreichen, aus Anlaß seines 200. Geburtstages begangenen Heine-Jahres 1997 zu der durch rechtsmedizinische Untersuchungen seiner Haarlocke genährten Vermutung, der berühmte deutsche Dichter in Paris sei an einer Bleivergiftung gestorben und möglicherweise ermordet worden.[1] Um die unnatürlichen Tode ranken sich die langwierigsten Gerüchte. Das Gedenken zum 100. Todesjahr der „Kaiserin wider Willen“[2], die wirklich am 10. September 1898 einem Attentat zum Opfer fiel, wird dafür gewiß einmal erneut die schlagendsten Belege liefern. Sollten sich auch im gewaltsamen Tod noch die Schicksale des Dichters und seiner Schülerin Elisabeth ähneln? In aussichtslosen Debatten, Sensationslust und nie zufrieden gestelltem Mitleid jedenfalls – auch in jenem aus Treue und Skandal gewebten Andenken, das sich unter anderm in literarischen Ergüssen Luft macht und aus dem poetischen Genre der größten Nähe die oft kurzlebigsten Liebeserklärungen reimt![3]

Für die sachlichere Betrachtung allerdings reichen die übrigen, von der Kaiserin bewußt übernommenen Parallelen aus. Elisabeth fand als „Jüngerin Heines“[4] für ihre poetischen „Tagebuch“-Hervorbringungen aus den Jahren 1885 bis 1888 in dem am 17. Februar 1856 im französischen Exil verstorbenen Dichter Henrich Heine ihr Vorbild und ihren ‘Meister’.[5] Diesem allerdings blieb – man möchte es aus ironischer Rücksicht bedauern – eine solche allerhöchste Anteilnahme wegen denn doch zeitverschobener Gründe verborgen.

2.

Es muß von vornherein gesagt werden, wie unangebracht es wäre, die literarischen Arbeiten der Kaiserin einfach als billige psychologische Ersatzhandlungen abzuqualifizieren und als mehr oder weniger mißlungene literarische Parodien für den Privatgebrauch einzustufen. So verständlich eine solche Einschätzung von historischer Warte aus ist, so wenig wird sie dem Quellencharakter der Gedichte als Spiegel eines in jedem Sinne außergewöhnlichen Rollenspiels gerecht. Sie würde auch die ganz besondere Funktion im Rahmen der Heine-Wirkung verkennen, die durch die speziellen Interessen der Kaiserin an eigentümlich changierender Kontur gewinnt. Dichten, Zeichnen und Musizieren gehörten zur standesgemäßen höheren Lebensführung. Elisabeths Freundin, die Königin von Rumänien, konnte unter dem Namen Carmen Sylva ohne weiteres auch als Schriftstellerin tätig sein. Auf derselben Seite von „Meyers Konversationslexikon“ aus dem Jahre 1907 wird die sechs Jahre jüngere Elisabeth von Rumänien „als geist- und phantasievolle Dichterin“ charakterisiert, während der Nachruf für Elisabeth von Österreich wenigstens folgende Würdigung parat hält: „Sie war nicht nur eine ausgezeichnete Reiterin und große Naturfreundin, sondern auch eine Frau von hoher literarischer Bildung, namentlich eine Verehrerin Heines.“[6] Monarchen und Päpste der Zeit wie Leo XIII. erlaubten sich die alte Tradition des ‘poeta doctus’. „Deutsche Fürsten als Dichter und Schriftsteller“ waren, auch was die Verwandtschaft Elisabeths betraf, keine Seltenheit.[7] Und schrieben andere Heine-Adepten derselben Zeit, die samt ihrem Epigonentum und Anachronismus, der oft genug den ‘Heine-Ton’ einschloß, von ihrem Publikum dankbar aufgenommen wurden, etwa besser als die Kaiserin? Sind nicht auch die gleichzeitigen Verse längst zu den Akten gelegt und vergessen, die von gut fünfzig Dichterinnen und Dichtern stammen, zeitgenössischen Kolleginnen und Kollegen gewissermaßen, deren lyrische Publikationen in den meisten Fällen Makulatur sind? Darunter befinden sich immerhin Verfasserinnen und Verfasser mit germanistischem Rang, Namen aus der deutschen Literaturgeschichte, von denen in den meisten Fällen nicht einmal diese mehr geläufig sind, obwohl sie schön alphabetisch unter den „Erstausgaben deutscher Dichtung“ vereinigt stehen.[8]

Als Ausnahmen über diese halbe Hundertschaft hinaus hielten nur Gottfried Keller, Theodor Storm, Conrad Ferdinand Meyer, Detlev von Liliencron und Theodor Fontane damals in den 80er Jahren des 19. Jahrhunderts bereits dagegen; Arno Holz entzog sich; Stefan George schlug neue Seiten auf.

Selbstverständlich gibt es auch spätere Beispiele der Heine-Nachahmung mit höherem Anspruch, die deshalb nicht ohne weiteres von den Leserschichten akzeptiert wurden.[9] Aber selbst der junge Rainer Maria Rilke klingelte in einer Heine-Weise, die man heute nicht für möglich halten würde.[10] Kaiserin Elisabeth konnte und wollte ihre handschriftlich sowohl wie sogar in zwei Privatdrucken und wiederum auch allein in der Handschrift vorliegenden weiteren Gedichte nicht publizieren, sondern hinterlegte sie bewußt in der 'modernen' republikanischen Schweiz, weil die Nähe zu Heine gleichzeitig eine zu große private Offenheit nach sich gezogen hätte. Auch mag das Geheimnisvolle, Ungewisse, Spiritistische eine Rolle gespielt haben – und die wenig begeisterte Reaktion der Familie. Ihr Mann war hilflos angesichts solcher „Wolkenkraxeleien"; ihr Bruder, der Augenarzt Carl Theodor in Bayern, fürchtete, daß Elisabeth sich zu intensiv in die „überspannten Ideen" bohren könne: „durch diesen eingebildeten Seelenverkehr mit Heine könne sie ihre Nerven so überreizen, dass sie am Ende noch 'umschnappe'".[11]

Zeigte nicht auch das unglückliche Ende des anfangs so positiven Denkmalsversuchs in Düsseldorf, daß die Zeit für Heine – und damit auch für sie selber – noch nicht reif war? Insofern entzog sie sich weiterhin ihrer eigentlichen Berufstätigkeit und wartete wie das von ihr so verstandene Genie ihres 'Meisters' auf das zukünftige „Verständnis der Nachwelt und Korrektur ihres Bildes in der Geschichte"; erst 60 Jahre nach 1890 sollte ihre Gedichtkassette geöffnet werden.[12] Trotz ihres einzuräumenden zweifelhaften literarischen Wertes – der Zweifel ist in diesem Fall engstens an die zeitgenössisch schwer übertragbaren Inhalte seitens der Feenkönigin Titania geknüpft, die freilich gerade für die lesenden 'Zukunftsseelen' von heute gerade jene Individualität des fin de siècle zu stiften und 'moderne' Botschaften zu vermitteln wissen; er hat dagegen nicht zu tun mit der damals vollauf überzeugenden Kunstfertigkeit der mechanisch variierenden Nachahmung mit ihren oft spöttischen Brechungen – also: trotz verständlicher Vorbehalte gegenüber einem 'Dilettantismus' einer „gelangweilten, einsamen und unglücklichen Frau"[13] und ihrer Dichtung in altertümlicher Garderobe samt Heineschen Versatzstücken besteht die Bedeutung der zwei obendrein komplett gedruckten Lyrikbände „Nordsee Lieder" sowie „Winterlieder" und der einen nur handschriftlich vorliegenden unvollendeten Gedichtsammlung der Kaiserin mit dem wohl vorläufigen Titel „Drittes Buch" in der Erweiterung unseres Wissens über eine höchst diffizile und spezielle Geschmackskultur des höchsten Standes kurz vor seinem Untergang. Es handelt sich dabei um ein bewußt stilisiertes Heine-Echo, wie es ansonsten nach innen in Richtung literarischer Anstrengungen trotz vieler bekannter, ernst gemeinter Heine-Parodien kaum zu beobachten ist. Neben diesen geheimen Tätigkeiten war, und darauf muß wenigstens mit genügendem Nachdruck hingewiesen werden, für die Umwelt allein eine erstaunlich rege und engagierte Verehrung festzustellen, die bei aller auch aus diplomatischen Gründen vorhandenen Zerfahrenheit als eine nach außen gerichtete Aktion zu beschreiben ist. Diese hat ihrerseits durch verschiedene

Denkmäler und gemäß seiner wissenschaftlichen Ausrichtung in Gestalt des Heinrich-Heine-Instituts als Literaturarchiv und Literaturmuseum sogar großen und nachhaltigen Erfolg gezeitigt. Das ist immerhin viel mehr, als man angesichts des, was Heines Öffentlichkeit betraf, zum damaligen Augenblick erbärmlichen Ausgangspunkts von einer gehetzten, überspannten und unberechenbaren Person erwarten durfte.

3.

In Heines Werk voller Romantik, realistischer Zeitkritik, Souveränität wie Ironie und in seiner Persönlichkeit mit ihren Brüchen, voller mutigem Widerspruch wie Grenzüberschreitungen entdeckte sie exemplarisch ihre Neigung zur Distanzierung von den sie umgebenden Bedingungen wieder. Größer hätte freilich der Gegensatz zwischen dem Objekt ihrer literarischen Vorliebe mit allen damit verknüpften langanhaltenden Folgen des öffentlichen Widerstreits zu ihrer eigenen Position als Kaiserin von Österreich und Königin von Ungarn nicht sein können. Er repräsentierte für sie das 'menschliche' Genie: „Heine ist von den meisten anderen Dichtern verschieden, weil er alle Scheinheiligkeit verachtet, er zeigt sich stets als der, welcher er ist, mit allen menschlichen Eigenschaften und allen menschlichen Fehlern." So heißt es an einer Stelle ihrer Aufzeichungen, während das „Wiener Tagblatt" vom 15. September 1898, wenige Tage nach ihrer Ermordung, die Stimme der Kaiserin resümierte: „denn Heine's Publikum sind die Völker der Erde und diese haben ein Recht, ihn ganz kennen zu lernen, zumal der Dichter selbst, unähnlich der Mehrzahl der anderen Poeten, jede Heuchelei verschmähte und sich stets so zu geben liebte, wie er war, mit all seinen Vorzügen und menschlichen Schwächen."[14] Die Art und Weise selbstverantworteter Freiheit als öffentliche Stimme voller Direktheit und ohne eitle Schnörkel waren ihr selbst unter den Zwängen des Hofes, der Etikette und der Repräsentation das größte Bedürfnis. Ihre Texte zielen ebenfalls in diese Richtung wahrhaftiger Beobachtung und Darstellung.

Elisabeths Heine-Vorliebe ist eins der wichtigsten Signale ihrer geistigen Unabhängigkeit und Selbständigkeit. Daß Heines Witz und Verstand einen europäischen Skandal bedeuteten, zog sie gerade an. Daß er stets auch als Außenseiter betrachtet wurde, machte ihn ihr sympathisch. Aus seiner Modernität folgerte sie die Geltung seiner Botschaften auch für die eigenen Auffassungen. Seine wache Mobilität spiegelte sich in ihrer ruhelosen Weltbeobachtung. Die Beschäftigung mit seinem Werk verhalf ihr zu Flucht- und Freiheitsräumen. Seine aus der jüdischen Herkunft gespeiste Außenseiterschaft, die sich dennoch innerhalb der christlichen Umgebung durch Glaubenswechsel und Religionskritik den größeren Überblick und die nachhaltigste Freizügigkeit verschafft hatte, imponierten ihr. Daß ihn Antisemitismus und Franzosenhaß trafen, machten ihn ihr gerade exponierter und verständlicher. Ihr Hang zur Einsamkeit und mystischen Zwiesprache fand in ihm das poetische Gegenüber. Seine Bewunderung der Nordsee wird von ihrer Meeressehnsucht beantwortet. Seine 'hellenische' Vorliebe äußert sich bei ihr im Achilles-Kult.

Heines Verse kennt sie auswendig und kann sie nach Bedarf verwenden. Der vornehme, schwärmerische Grieche Constantin Christomanos, der gleich noch zu Wort kommen muß, vermerkt in seinen Tagebuchblättern über ein Schönbrunner Gespräch Ende Dezember 1891: „Als wir über Leben und Weltsysteme sprachen, begann sie mit einer Stimme wie flüssige Ironie zu deklamieren" – und dann folgt das 58. Gedicht des „Heimkehr"-Zyklus[15] aus dem „Buch der Lieder": „Zu fragmentarisch ist Welt und Leben", das als bissige Parodie auf die deutsche Gelehrsamkeit ohne Herkunftsangabe mitgeteilt wird. Später auf Schloß Miramare bei Triest holt sie ihren gefühlvollen Begleiter mit einer auf ihn abgewandelten Strophe vom Fräulein, das den Sonnenuntergang am Meer bewundert, in die Wirklichkeit zurück: „Die Kaiserin, die einen Augenblick lang in dieser einsamen Feerie versunken schien, wendete plötzlich ihr Antlitz zu mir und sagte mit ihrer singenden Stimme:

Mein Herrlein! sei'n Sie munter,
Das ist ein altes Stück:
Hier vorne geht sie unter.
Und kehrt von hinten zurück...

In solchen Augenblicken, fügte sie hinzu, ernst werdend, soll man nur an eines glauben, an die Größe der Nichtigkeit." Nicht von ungefähr liest er ihr auf der Adria aus Heines erstem „Nordsee"-Zyklus in freien Rhythmen vor und wählt bewußt die 2. und 4. Strophe aus Nr. VIII, dem Gedicht „Sturm", weil alles „wie auf sie gemünzt" war. Dabei werden ihn störende Zeilen einfach ausgelassen und das grandiose Bild des Meeres, der weißen, gespenstischen Möwe und der einsamen, schönen, kranken Frau entworfen, die an schottischer Felsenküste steht, deren Locken vom Wind durchwühlt und deren dunkles Lied über das „weite stürmende Meer" getragen werden. „Ich erhob meine Blicke furchtsam zu den ihren", schreibt der ehrfürchtige Barde, „und sah wie sie ernst und traurig über die schwere See schweiften".[16] Der Dichter und seine Leserin sprechen allem Anschein nach dieselbe Zeichensprache.

Die persönliche Vorliebe der Kaiserin für Heine-Reliquien drückte sich vielfältig aus. Nach ihrem Tod wurden solche, wie Eduard Engel, Herausgeber der Heineschen sogenannten „Memoiren" im Rahmen der „Gartenlaube" 1884, in seinen späteren Erinnerungen berichtete, von Kaiser Franz Joseph ihren ursprünglichen Besitzern zurückerstattet. Auf diese Weise wäre er auch wieder in den Besitz des Heine-Porträts von Gottlieb Gassen aus dem Jahre 1828 gelangt, das aus dessen Besitz Anfang der 1870er Jahre Eigentum von Adolf Strodtmann geworden war, dem ersten Heine-Herausgeber und -Biographen, dann anschließend 1879 von der Witwe Strodtmanns an Engel verkauft wurde, somit ihm gehörte und das er der Kaiserin nach dem ersten Erscheinen des von ihr begeistert begrüßten „Memoiren"-Fragments, wo das Porträt abgebildet war, für kurze Zeit überließ, um es kopieren zu lassen, obwohl sie es eigentlich erwerben wollte. Engel erhielt für diesen Liebesdienst von der Kaiserin „eine sehr kostbare Busennadel mit einem großen Opal im Kreise von Diamanten“; „das Abbild“, so die Kaiserin, „sei sehr gut ausgefallen, hänge in ihrem Lesezimmer und mache ihr täglich Freude“.[17] Das Original-Gemälde befand sich lange Zeit als Leihgabe in Düsseldorf. 1983 ist es dann in den Besitz des Heinrich-Heine-Instituts übergegangen als Stiftung der Stadt-Sparkasse Düsseldorf. Wichtige Heineana waren für die Kaiserin beispielsweise auch ihre beiden Heine-Gesamtausgaben, wobei die eine von 1876 in braunem Halbleder ihre handschriftlichen Orts- und Jahresangaben der Lektüre von 1886 bis Januar 1888 trägt und sie von Baden-Baden über Gödöllö, Cromer in Norfolk, Ischl, Korfu und anderen Stellen bis nach Wien begleitet hat, aber auch die in einem schwarzen Samtetui gerahmte Lithographie von Ernst Benedikt Kietz aus dem Jahre 1851 vom späten, leidenden Heine, die heute ebenfalls sämtlich im Heine-Archiv des Heinrich-Heine-Instituts aufbewahrt werden. Ihre Heine-Vorliebe schlug sich denn auch in sonstigen bildnerischen Bemühungen für ihn in ihren Wohnungen, in der dunkelgrünen Heine-“Taschenbuchausgabe“, weiter in einem Hamburger Besuch bei Heines greiser Schwester Charlotte Embden im Juli 1887 nieder oder bei einer „Bekränzung der Gräber ihrer Schwester Sophie und Heines“ zehn Jahre später Ende 1897 in Paris, wonach sie weiter über Marseille nach San Remo fuhr,[18] wurde aber auch eigens noch in einem Faksimileband von Heines Versepos „Deutschland. Ein Wintermärchen“ aus dem Jahre 1915 ausgedrückt.[19]

4.

Für Heines Nachwirkung brachte sie trotz der zu verzeichnenden Heine-Turbulenzen mehr in Gang als alle anderen Mitglieder der gar nicht so kleinen Heine-Gemeinde damals. Ihre Heine-Verehrung zeitigte nämlich weltweite Folgen. Das für die Stadt Düsseldorf Ende der 80er Jahre des letzten Jahrhunderts genau im Zeitraum 1887/88 – und damit vor dem am 30. Januar 1889 erfolgten Selbstmord von Elisabeths Sohn, dem Kronprinzen Rudolf – in Auftrag gegebene Heine-Denkmal in Gestalt eines üppigen Loreley-Brunnens mit einem Relief des Dichters vom Berliner Bildhauer Ernst Herter, das seine Botschaft und wirklich internationale Bedeutung nicht nur dem Aufruf Paul Heyses verdankte, sondern zum großen Teil ihrem ganz persönlichen Einsatz, wurde 1899 von den Deutschen in Amerika in der Bronx von New York dem Andenken an den deutschen Dichter übergeben und harrt 1998 seiner endlich in greifbare Realisierung gerückten Renovierung.[20] Die Kaiserin hatte für das Düsseldorfer Denkmal immerhin 12.950 Mark bezahlt; die Ausrede von März 1893, neben einem Ehrenmal für die gefallenen Soldaten im Deutsch-Französischen Krieg von 1871 passe kein Heine-Denkmal mehr, machte ihre Pläne endgültig zunichte.[21] Die direkte Folge des für das Düsseldorfer Heine-Denkmal eingerichteten Denkmalfonds stellt seit Anfang des Jahrhunderts die Heine-Sammlung in der ehemaligen Landes- und Stadtbibliothek Düsseldorf und seit 1970 das daraus erwachsene Heinrich-Heine-Institut als verselbständigte Neuere Handschriftenabteilung dieser alten kurfürstlichen Bibliothek dar, die der Dichter als Schüler und Robert Schumann als Musikdirektor selbst benutzt haben.

Aber auch an ihr Privatdenkmal des alten, sinnenden Dichters im Schlafrock und mit entsinkender Feder aus der Werkstatt des dänischen Bildhauers Louis Hasselriis muß erinnert werden. Es hatte im Jahre 1891, nur wenige Jahre nach dem Düsseldorfer Debakel, auf ihrem Grundstück der Villa Achilleion auf Korfu Platz gefunden und wanderte nach ihrem Tod, bedingt durch die Übernahme ihrer Villa durch den deutschen Kaiser Wilhelm II. im Jahre 1907, zur Familie von Heines Verleger Campe in Hamburg, dann aufgrund der nationalsozialistischen Übergriffe in Deutschland 1939 durch französische Nachfahren der Campe-Familie nach Südfrankreich, wo es in Toulon nach einer Phase der Einlagerung schließlich in den 1950er Jahren zum Heine-Gedenken aufgestellt wurde, und zwar im Mistral-Park des Stadtteils Mourillon; es hat sogar in der englischen Literatur durch die Arbeit von Tony Harrison „The Gaze of the Gordon“ noch seit 1992 als ‘poem-film’ und Buch mit seiner in jedem Sinn lebendigen Abrechnung des vergangenen Jahrhunderts Furore gemacht.[22]

Elisabeth verehrte dieses Denkmal beharrlich, wie die emphatischen Berichte ihres griechischen Vorlesers, Lehrers und Paladins Christomanos auf rührende Art belegen: „Wir sind bei Mondschein noch zum Heine-Tempel gepilgert“, heißt es im Frühjahr 1892. „Die Kaiserin blieb eine Zeitlang stumm vor der müden Marmorgestalt des Dichters – und schweigend gingen wir zurück.“ Und wenig später legt sie eines der auch für die eigene Auffassung ihres Individuums so wichtigen Heine-Bekenntnisse ab: „Wir sind heute Abend wieder am Heine-Tempel vorübergangen. Sein Anblick“, stellt der junge, bucklige, die Kaiserin anbetende Grieche fest, „ist immer erschütternd: in der Ewigkeit dieser Umgebung das Denkmal der Vergänglichkeit, die als solche ewig ist. Ich fragte die Kaiserin, welche von den Heine'schen Liedern sie am meisten liebe. Sie sagte: – Alle; denn alle sind nur ein einziges Lied – eines und dasselbe. Sein Unglauben an die eigene Sentimentalität und Begeisterung ist auch mein Glaube. Die Journalisten rechnen es mir sehr hoch an, daß ich eine Verehrerin von Heine bin; sie sind stolz darauf, daß ich ihren Heine liebe, aber ich liebe an ihm seine grenzenlose Verachtung der eigenen Menschlichkeiten und die Traurigkeit, mit der ihn die irdischen Dinge erfüllten.“ Diese Form einer Gesamtinterpretation und Würdigung aufgrund der speziell von ihr für ihr Verständnis reklamierten Basis, die in Heines Schaffen die Einheit und damit zur gleichen Zeit die Übertragbarkeit auf die eigene existentielle Situation sieht, ist so überraschend wie überzeugend zugleich. Die Kaiserin erahnt ihn als ersten Dichter der Moderne und sich als adäquate Schülerin seiner Ironie und Resignation.

Es sei ein kleiner naheliegender Exkurs erlaubt. E. M. Cioran ist in seinen Überlegungen über die „Verwundbarkeit“ der Kaiserin in seinem Gespräch mit der Herausgeberin über die Berichte des Griechischlehrers gewiß Recht zu geben, wenn er die Nähe zwischen Dichter und Kaiserin folgendermaßen bestimmt: Die Ironie sei nur eine Maske des Unglücks, ein indirekter Weg, ein Umweg, den die innerlich Verletzten einschlügen, um ihren wahren Zustand zu verbergen, um nicht über ihr eigenes Unglück zu sprechen. Die Ironie sei der intellektuelle Ausdruck einer inneren Verwundbarkeit. „Ich glaube, Sissi hat Heine so geliebt wegen seiner Ironie, nicht weil er ein sehr großer Dichter gewesen wäre! Heine hat wie kein anderer diese Verwundbarkeit erfahren und sich der Ironie als Deckmantel bedient, um seine Gefühle auszudrücken. Das ist der tiefe Sinn der Ironie: eine elegante Form, die das Geschundensein verhüllt und zugleich ausdrückt. In Deutschland gibt es keine Tradition des ironischen Genres. Heine bildet darin eine Ausnahme."[23] Man darf trotz des in unserem Zusammenhang verständlichen und darum zu früh abgeschnittenen Zitats hinzufügen: seine kaiserliche Leserin auch. Ein Kommentar Conte Cortis aus einer dafür bei Nennung auch des deutschen Verlagssitzes nicht mehr passenden Zeit des Nationalsozialismus und Antisemitismus macht mutig darauf aufmerksam: „Die Aufstellung dieses Denkmals im 'Achilleion' bedeutet eine verächtliche Geste gegenüber der Welt, die einem Dichter aus politischen Gründen solche Ehre verweigert."[24]

Nach ihrem Tod allerdings fand diese Liebe und Fürsorge für Heine noch eine der nachhaltigsten und bewegendsten Ausdrucksformen, nämlich in der Neugestaltung der Grabanlage auf dem Montmartre-Friedhof in Paris mit einem Denkmal, das 1899 auf Anregung Elisabeths ebenfalls von Hasselriis geschaffen und 1901 eingeweiht wurde. Hier erhielt die Heine-Verehrung der Kaiserin nach ihrem Tod ein die Grenzen überwindendes nobles Symbol, dessen 'Grabspruch' „Wo wird einst des Wandermüden / Letzte Ruhestätte sein" gewiß auch die unersättliche Kühnheit der kaiserlichen Fragen spiegelt.[25] Ob die letzte Ruhe unter Palmen im Süden, unter Linden am Rhein, im Wüstensand oder am Strand des Meeres gefunden wird: immerhin ist nachts das unvergängliche Mausoleum des Sternenhimmels als Andenken an den Toten überall dieselbe schützende Hülle.

5.

Elisabeth war beim Dichten überzeugt, von ihrem 'Meister' Heinrich Heine geleitet zu sein und endlich dann auch um die Mitte des 20. Jahrhunderts für die 'Zukunftsseelen' hör- und rezipierbar. Daß sich solche verzweifelten Hoffnungen, den Erfahrungen der eigenen Einsamkeit zu entrinnen und schließlich doch dem skeptisch an höchster Stelle verfolgten Leben eine verständliche Stimme zu verleihen, nicht ohne weiteres erfüllten, macht vielleicht bereits die obige Einbettung ihrer Verse in den zeitgenössischen Kontext deutlich. Natürlich hat sie im Alter um die fünfzig, nach frühen Possenhofener Vorstufen und solchen als junge Kaiserin, in nur vier Jahren von 1885 bis 1888 mit weit über 300, teilweise langen Gedichten eine enorme literarische Leistung aus Erinnerung und praktischer Anwendung erbracht. Damit wurde in kurzer Zeit beinahe ein Großteil der Hälfte der in vier Jahrzehnten auf etwa 750 Gedichte angewachsenen Zahl ihres Mentors Heinrich Heine erreicht. Das Heine-Kapitel in der Elisabeth-Biographie und die Einleitung zu deren „poetischem Tagebuch" von Brigitte Hamann haben schon 1982 und 1984 unter Anerkennung der einmalig kritischen Quelle und mit rechter Distanz jenen Ehrentitel der Kaiserin, eine Schülerin Heinrich Heines zu sein, herausgearbeitet. Es ist ein Titel, der ihr bereits gleich nach ihrem Tode verliehen wurde: „She was a disciple of Heine, and particularly admired Byron and de Musset."[26] So wird mit Recht auch gleich Elisabeths mehrdimensionale literarische Kenntnis und Vorliebe erwähnt.

Natürlich sind die Gedichte Elisabeths geprägt von wörtlichen Heine-Entlehnungen, Anspielungen auf seine Lyrik und Prosa, Paraphrasen, Ansprachen an den Dichter, Parodien und Anwendungen auf die eigene Situation. Die Verse laufen ihr in einem typischen Korsett ihrer verkrampften Bedingungen davon und sind doch wieder ehrlich, wirken wie nur oberflächlich verhüllt und dabei spontan aus der Feder kommend. Sie bedurfte des Vorbilds, aber dessen in all seiner Raffinesse und Multivalenz, damit die eigenen Empfindungen und Desillusionen wenigstens halbwegs ihre sprachliche Form erhalten konnten. Ihr Zorn und ihre Abrechnungen mit der adeligen Familie waren somit denn doch eine gnadenlose, ironische und gleichzeitig gemessen-vorsichtige, eben blasiert vornehm-distanzierte Übung.

Ihr Begleitbrief an die „Zukunfts-Seele" unter der üblichen Signatur Titania aus (übrigens auch Heines Lieblingsdichter!) Shakespeares „Sommernachtstraum" erinnert an Heines „neues Lied" und seine Botschaft vom Glück aus dem Versepos „Deutschland. Ein Wintermährchen", an „der Zukunft Krondiamanten", die er bei sich trägt, an das neue Geschlecht, das ihn versteht. „Der Meister hat sie mir dictirt", bekennt sie von ihren „Schriften", die sie an die Zukunft weiterreicht, damit dadurch 'politisch Verurteilte und deren hilfsbedüftige Angehörige' unterstützt werden sollen. Eine ebenso vage wie revolutionäre Verfügung! Sie glaubt nicht daran, daß „Glück und Friede, das heisst Freiheit auf unserem kleinen Sterne heimisch sein" werden. Auch damit hat sie ihren Dichter Heine mit seinem späten Gedicht „Jetzt wohin?" aus den „Lamentazionen" des von ihr besonders geschätzten „Romanzero" paraphrasiert. Denn sein Stern hat sich auch „im güldnen Labyrinth" am Himmel verirrt, genauso wie er selbst sich im „irdischen Getümmel" verloren hat und keine Heimat mehr besitzt.[27] Ihr 11. Gedicht aus dem ersten „Nordsee Lieder"-Zyklus, Frühjahr 1885 in Amsterdam entstanden, bildet für ihre poetische Technik einen überzeugenden Beleg: es ist ihr Heine gegenwärtig, dessen Medium sie darstellen möchte, aber auch sein elementares Meer ist präsent; anwesend ist ebenfalls sein sowohl wie ihr mythischer Bruder Achill. Die drei Strophen beschreiben ihr Gefühl des Wartens und des Übergangs, sprechen von der Naturgewalt der ewigen Wiederkehr von Ebbe und Flut, enthalten aber auch jenen Bescheidenheitsgestus gegenüber der Kraft der Poesie, die zu heilen versteht, die jener Dichter, jene Meeresgewalt, jener antike Held stiften, deren Botschaft sie festhält. Die letzte Strophe lautet:

„Mir dünkt, dass du dictiertest,
Zu schreiben nur bleibt mir;
Gedanken und Gefühle
Wehst du auf das Papier.“[28]

Es wäre gewiß falsch, die Kaiserin zu heroisieren oder ihre Verse zur absoluten Kunst zu erheben. Ihre Dichtung allerdings als genuinen Ausdruck der Einsamkeit, Modernität und Unabhängigkeit zu nehmen, als ein Echo aus der Heine-Schule – ist uns unbenommen. Carmen Sylva betont übrigens zurecht nach Elisabeths Tod die Bedeutung der Beziehung zu Heine, ihre „Bitterkeit“, ihr schweres „Schicksal“ und den „Schalk“, der ihr im „Nacken saß und ihr so originelle und überraschende Äußerungen entlockte“.[29]

Anmerkungen

1 Vgl. z.B. Peter Janssen: Beim Barte des Poeten. „Haarspalterei" geht weiter: Ist Heines Locke echt?. – In: Rheinische Post. Zeitung für Politik und christliche Kultur, Jg. 52, Freitag, 12. Dezember 1997, Nr. 289 (Wissenschaft und Bildung). – Als Begleitband zur großen Düsseldorfer und Pariser Heine-Ausstellung 1997 und als Einführung in die Multiperspektivität des Dichters diente der vom Verf. unter Mitwirkung von Ulrike Reuter und Martin Hollender hrsg. (u. ebenfalls in frz. Fassung erschienene) Katalog: „Ich Narr des Glücks". Heinrich Heine 1797–1856. Bilder einer Ausstellung. Stuttgart u. Weimar 1997.

2 So der treffende Untertitel des Standardwerks über die Kaiserin von Brigitte Hamann: Elisabeth. Kaiserin wider Willen. Wien u. München 1982, das übrigens im selben Jahr bereits in 2. Auflage vorlag.

3 Vgl. zur Literatur über Elisabeth, aber auch über die im Heine-Ton dichtende Kaiserin und ihre Wirkungen in Musik und Film bereits die verschiedenen kleinen Katalog-Beiträge in: Elisabeth von Österreich. Einsamkeit, Macht und Freiheit.– 99. Sonderausstellung des Historischen Museums der Stadt Wien. Hermesvilla, Lainzer Tiergarten. 22. März 1986 bis 22. März 1987. Wien 1986. So von Walter Obermaier: „Auf Flügeln meiner Lieder...". Kaiserin Elisabeth und die Literatur, S. 37–42; Karl Albrecht-Weinberger: „Möve grüßt Adler" – Kaiserin Elisabeth an König Ludwig II. – Begegnungen zweier verwandter Seelen, S. 42–50; Otto Brusatti: Von der heiligen Elisabeth zur „Liebesleid-Sissy" (Die Kaiserin in der Musik), S. 102–104; Brigitte Hamann: Elisabeth in der Literatur des Fin de siècle, S. 105–110; Ursula Storch: Wie in einem Spiegel (Kaiserin Elisabeth als Dramengestalt), S. 111–117; Peter Kraus-Kautzky: Kaiserin Elisabeth im Film, S. 117f.; vgl. auch die den Katalogteil, S. 120ff. einleitenden Texte von Susanne Walther. – Schon die Titel der Arbeiten erzählen von der 'märchenhaften' Wirkung der Kaiserin. Auf das jeweils schon vorhandene Elisabeth-Bild macht S. Walther mit Recht aufmerksam (S. 122).

4 Hamann, Elisabeth [s. Anm. 2], 11. Kapitel: Die Jüngerin Heines, S. 440–498.

5 S. den unerläßlichen Quellenband mit ihren Gedichten und einer zuverlässigen Einführung: Kaiserin Elisabeth. Das poetische Tagebuch. Hrsg. von Brigitte Hamann. Wien 1984 (= Fontes Rerum Austriacarum. Österreichische Geschichtsquellen. 1. Abt.: Scriptores. 12. Bd. der Österreichischen Akademie der Wissenschaften. Philosophisch-historische Klasse. Historische Kommission).

6 Meyers Großes Konversations-Lexikon. Ein Nachschlagewerk des allgemeinen Wissens. 6. Auflage, 5. Bd.. Leipzig und Wien 1907, S. 714.

7 Vgl. Elisabeth, Das poetische Tagebuch [s. Anm. 5], S. 14f. mit dem Hinweis in der Einleitung „Eine neue Quelle und ihre Geschichte" auf das gleichnamige Buch von Franz Xaver Seidl und die Ausgabe von 1883.

8 Es seien in alphabetischer Folge gemäß dem Standardwerk von Gero von Wilpert u. Adolf Gühring: Erstausgaben deutscher Dichtung. Eine Bibliographie zur deutschen Literatur 1600–1990. 2. vollst. überarb. Aufl. Stuttgart 1992 jene Namen verzeichnet, deren Bibliographie für das Jahrzehnt von 1880 bis 1890, und meist sogar noch enger auf die Mitte des Jahrzehnts bezogen, Gedichtpublikationen enthalten: Karl Bleibtreu, Friedrich von Bodenstedt, Otto Ernst, Gustav Falke, Johann Hinrich Fehrs, Johann Georg von Fischer, Wilhelm Fischer(-Graz), Cäsar Flaischlen, Adolf Frey, Ludwig Ganghofer, Carl Rudolf von Gottschall, Marie Eugenie delle Grazie, Ferdinand Gregorovius, Rudolf Greinz, Robert Hamerling, Gerhart Hauptmann, Karl Henckell, Paul von Heyse, Maria Janitschek, Wilhelm Jensen, Wilhelm Jordan, Franz von Kobell, Richard Kralik Ritter von Meyrswalden, Franz Kranewitter, Ferdinand Gustav Kühne, Isolde Kurz, Paul Anton de Lagarde, Heinrich Leuthold, Friedrich Lienhard, Hermann Lingg, Hieronymus Lorm, John Henry Mackay, Oskar Panizza, Julius Rodenberg, Otto Roquette, Ferdinand von Saar, Adolf Friedrich Graf von Schack, Joseph Victor von Scheffel, Emil Prinz von Schönaich-Carolath, Friedrich Spielhagen, Franz Stelzhamer, Julius Stettenheim, Karl Stieler, Johannes Trojan, Richard von Volkmann, Christian Wagner, Friedrich Wilhelm Weber, Wilhelm Weigand, Adolf von Wilbrandt und Ernst von Wildenbruch.

9 Vgl. z.B. Alexander Schweickert: Notizen zu den Einflüssen Heinrich Heines auf die Lyrik von Kerr, Klabund, Tucholsky und Erich Kästner. – In: Heine-Jahrbuch 8 (1969), S. 69–107.

10 S. Verf.: Der junge Rilke oder über die Schwierigkeiten ein Dichter zu werden. – In: Bensberger Protokolle Nr. 10. Aus der Engel Ordnungen. Comeback für Rainer Maria Rilke? Hrsg. von Hermann Boventer. Bensberg 1975, S. 50–71, hier S. 60f.

11 Hamann, Elisabeth [s. Anm. 2], S. 449f.

12 Ebd., S. 448. – Vgl. auch Elisabeth, Das poetische Tagebuch [s. Anm. 5], S. 17.

13 Hamann, Elisabeth [s. Anm. 2], S. 449.

14 So das Kap. „Kaiserin Elisabeth von Österreich und Heinrich Heine" bei Georg Malkowski: Ernst Herter. Beitrag zur Geschichte der Berliner Bildhauerschule. Berlin 1906, S. 99 und das in Anm. 3 zit. Kap. von Brigitte Hamanns Elisabeth-Monographie, S. 456. – S. dazu meine „Skizze zu einer Heine-Biographie" in Verf.: Heinrich Heine. Leben und Werk in Daten und Bildern. Frankfurt am Main und Leipzig 2. Aufl. 1992, S. 9–39, bes. S. 11.

15 Heines Gedichte werden zit. nach der 16bändigen historisch-kritischen Heine-Ausgabe: Sämtliche Werke. Düsseldorfer Ausgabe. In Verbindung mit dem Heinrich-Heine-Institut hrsg. von Manfred Windfuhr. Hamburg 1973ff. (= DHA. – Hier kommen die drei ersten Bände in Frage). – Das „Heimkehr"-Gedicht findet sich DHA I/1, S. 270f.

16 Elisabeth von Österreich. Tagebuchblätter von Constantin Christomanos. Hrsg. von Verena von der Heyden-Rynsch nebst Beiträgen von E.M. Cioran und anderen. München 1983, S. 64, 81 u. 91f. – Vgl. Heines „Das Fräulein stand am Meere", Nr. X des „Seraphine"-Auftakts aus dem Zyklus „Verschiedene" der „Neuen Gedichte", DHA II, S. 35f.; u. „Sturm" aus dem 1. Zyklus von „Die Nordsee" des „Buchs der Lieder", DHA I/1, S. 378–381.

17 Eduard Engel: Menschen und Dinge. Aus meinem Leben. Leipzig 2. Aufl. 1929, S. 16–21, hier bes. S. 19–21, Zit. S. 21.

18 S. Hans Rödhammer: Eine seltsame Frau. Elisabeth, Kaiserin von Österreich und Königin von Ungarn 1837–1898. Linz-Ebelsberg 1983, S. 154f. u. 176 (= Ausstellungskatalog).

19 Vgl. Deutschland. Ein Wintermärchen. Facs.-Druck nach der Hs. d. Dichters nebst 4 Bl. d. Brouillons aus d. Nachlaß d. Kaiserin Elisabeth v. Österreich. Mit e. Nachw. hrsg. v. Friedrich Hirth. Berlin-Charlottenburg 1915.

20 Vgl. z.B. die dpa-Meldung „Heine wird renoviert. Denkmal in New York“ in der Rheinischen Post [s. Anm. 1] vom Samstag, 13. Dezember 1997, Nr. 290 (Feuilleton). – Vgl. auch Verf.: Literaturarchiv und Privatsammlung. Zur Erwerbungsgeschichte des Heinrich-Heine-Instituts, Düsseldorf. – In: Bücher für die Wissenschaft. Bibliotheken zwischen Tradition und Fortschritt. Festschrift für Günter Gattermann zum 65. Geburtstag. Hrsg. von Gert Kaiser in Verbindung mit Heinz Finger und Elisabeth Niggemann. München u.a. 1994, S. 261–272, hier bes. S. 264.

21 Vgl. Rödhammer [s. Anm. 18], S. 162 u. 171.

22 Vgl. Das Kapitel „Heine und die Provence“ in Verf.: Heine-Zeit. Stuttgart und Weimar 1997, S. 171–185, bes. S. 176f.

23 Christomanos [s. Anm. 16], S. 140 u. 151; dazu ebenfalls das Gespräch mit E.M. Cioran, Paris im Januar 1983, unter dem Titel „Sissi oder die Verwundbarkeit“, S. 193–207, bes. S. 198.

24 Egon Caesar Conte Corti: Elisabeth. „Die seltsame Frau“. Nach dem schriftlichen Nachlaß der Kaiserin, den Tagebüchern ihrer Tochter und sonstigen unveröffentlichten Tagebüchern und Dokumenten. Salzburg – Leipzig: Verlag Anton Pustet, 5. Aufl. 1935, S. 460.

25 Vgl. Verf.: Frage und Antwort. Heines Grabschrift *Wo?* auf dem Pariser Montmartre-Friedhof.- In: Bernd Kortländer (Hrsg.): Gedichte von Heinrich Heine. Interpretationen. Stuttgart 1995, S. 167–179, hier bes. S. 171f. – Für den Grabspruch vgl. auch DHA II, S. 197.

26 The Queen, 17. 9. 1898, zit. bei Rödhammer [s. Anm. 18], S. 263f.

27 Vgl. Elisabeth, Das poetische Tagebuch [s. Anm. 5], S. 18. – Zum „Wintermährchen“ vgl. DHA IV, S. 92–94 u. 155. – Zum „Romanzero“ vgl. DHA III/1, S. 101f.

28 Elisabeth, Das poetische Tagebuch [s. Anm. 5], S. 47. – Die Hrsg. gibt eindeutig Heine an, dessen Diktate die Kaiserin empfängt. Das Gedicht spricht durchaus für diesen Gedanken, läßt aber gleichzeitig die Figuration Heine / Meer / Achill offen.

29 Hamann, Elisabeth [s. Anm. 2], S. 463f., hier 464.

Kaiserin Elisabeth und die Hermesvilla

„TITANIAS ZAUBERSCHLOSS“

Susanne Walther

Die Hermesvilla „sammt Nebengebäuden“ seiner Gemahlin zu schenken, bestimmte Kaiser Franz Joseph mit kaiserlichem Handschreiben vom 9. Jänner 1884. Wahrscheinlich hoffte er, Elisabeths Reiselust einzudämmen, wenn er als Alternative zur Hofburg und zu Schloß Schönbrunn ein nahe davon gelegenes Refugium bieten konnte. Carl von Hasenauer, einer der bevorzugten Architekten Franz Josephs, war seit Herbst oder Winter 1881 mit der Planung beschäftigt. Das ursprünglich als „Villa Waldruh“ bezeichnete Haus erhielt später auf Wunsch der Kaiserin den Namen „Villa Hermes“. Für den Schutzgott der Reisenden empfand Elisabeth besondere Sympathie. Außerdem war der durch die Lüfte schwebende Bote des Zeus gleichzeitig Gott der Kraft und Schönheit verleihenden gymnastischen Übungen, Gott des Schlafes und der Träume sowie der Begleiter der Seelen Verstorbener in die Unterwelt. Poetisch, liebenswürdig und etwas melancholisch, entsprach Hermes durchaus Elisabeths Vorstellung von einem geeigneten Schutzgott für das neue Gebäude im Lainzer Tiergarten.

1885 beauftragte die Kaiserin den Berliner Bildhauer Ernst Herter mit der Ausführung der Statue „Hermes als Wächter“, deren Aufstellung auf einem dafür reservierten Platz vor der Gartenfront vorgesehen war. Das Bauvorhaben als solches beeinflußte sie nicht, sie interessierte sich aber für verschiedene ihr aus persönlichen Gründen wichtig erscheinende Details

Hermesvilla: Gartenfront mit Hermes-Statue

der Innenausstattung. Beispielsweise hingen alle in ihrem Auftrag für Franz Joseph gemalten Porträts der Burgschauspielerin Katharina Schratt ursprünglich in der Hermesvilla, dem „Schloß der Träume", wie es Elisabeth auch nannte.

Die Bauarbeiten hatten von 1882 bis 1886 gedauert. Die gartenseitig gelegene Vorderfront wurde asymmetrisch ausgeführt und durch eingesetzte Ziegelreihen farbig akzentuiert. Hinter der Villa gruppieren sich um einen langgestreckten rechtwinkeligen Hof die Wirtschaftsgebäude und die Stallungen, ebenso war eine für die Kaiserin bestimmte Reitschule vorgesehen. Für den in den Jahren 1882 bis 1890 angelegten Park wurden in mediterranen Zonen beheimatete Nadelhölzer verwendet, der Übergang in die Wienerwald-Landschaft ist fließend gestaltet.

Begegnungen

Elisabeth besichtigte das Haus am 24. Mai 1886, bewohnte es aber erst im darauffolgenden Jahr. In ihren Gedichten häufig zur Titania, Königin der Elfen, verfremdet, sah die Kaiserin in der Hermesvilla „Titanias Feenschloß" oder auch deren „Zauberschloß". Franz Joseph, von ihr als Elfenkönig Oberon bezeichnet, erwartete hier seine Gemahlin, als diese am 16. Mai von einer ihrer Reisen zurückkehrte:

Oberon steht am Portale;
und wie er nun nach der langen
Trennung freundlichst sie empfangen
Schreiten sie zum Marmorsaale.

Damit ist der große zentrale Raum im Erdgeschoß gemeint, in dem früher die kaiserliche Familie gemeinsam getafelt hat. Die Dekoration der Wände und der Decke besteht aus Marmor und Scagliola, das Mittelfeld des Plafonds, ein Stuckrelief zum Thema „ Aurora schwebt vor dem Wagen des Sommers durch die Lüfte" stammt von Viktor Tilgner. Derselbe Künstler schuf auch den figuralen Schmuck der als Rocaille-Grotten gestalteten Wandbrunnen, die dem Einkühlen der Getränke dienten:

Frisch und klar in jeder Ecke
Plätschern kühlende Fontänen,
Die ihr Silberlicht entlehnen
Von den Lüstern an der Decke [...]
Zwischen Silber im Krystalle
Duften Blumen auf dem Tische;
Kaltes Wildpret, Meeresfische
Steh'n bereit zum Abendmahle.

Elisabeths jüngste Tochter, Marie Valerie, wohnte nebenan im Parterre, die jetzt als Café-Restaurant verwendeten Räume wurden nach ihrer Schwester Gisela-Appartements genannt. Wie eine Tagebuch-Eintragung vom 25. Mai 1887 beweist, war Marie Valerie von der Hermesvilla nicht sehr angetan: „Traurig legte ich mich in mein weißes Bett, das in einem unheimlichen Alkoven steht und von welchem ein höchst affektiertes pausbackiges Engelchen aus blauem Himmel und Wolken [...] herabschaut."

Die romantisch veranlagte Kaiserin sah es anders. Der Weg zu ihrem im ersten Stockwerk gelegenen Wohntrakt führte am „Sterbenden Achilles" vorbei, jener Marmorskulptur Ernst Herters, der Elisabeth noch mehr Beachtung schenkte als seinem „Hermes als Wächter":

Leichten Schritts steigt sie die weiten,
Teppichüberdeckten Stiegen -
Ihren Bräutigam dort liegen
Sieht sie jetzt, den marmorbleichen.
In der Ampel mattem Scheine
Deucht's, als regte er sich wieder;
Sie umfasst die edeln Glieder,
Presst ihr Herz zum kalten Steine.

Die Kaiserin hatte das Gipsmodell zu dieser Plastik am 11. Februar 1883 im Wiener Künstlerhaus gesehen, wo es seit der Internationalen Ausstellung (1. April – 15. Oktober 1882) besichtigt werden konnte. Die daraufhin bestellte Ausführung in Laaser Marmor wurde 1884 vollendet. Seit 1885 befand sich der „Sterbende Achilles" im Stiegenhaus der Hermesvilla, „an einer sehr schönen Stelle ziemlich gut beleuchtet", wie Herter am 17. September dieses Jahres aus Wien seiner Frau mitteilte. Im selben Brief schrieb er über den von Elisabeth in zahlreichen Gedichten verherrlichten Helden der griechisch-antiken Mythologie: „Überragend ist es, wenn man an ihm vorbei die Treppe hinauf geht und ihn plötzlich in einem ihm gegenüber sehr geschickt angebrachten Spiegel wieder sieht." Ebenso fand das nach einem Entwurf Hasenauers angefertigte „Postament von dunkelrothem Marmor mit weißen Adern" Herters Zustimmung.

Wandmalerei im Turnzimmer der Kaiserin, Hermesvilla

Der erste Stock beginnt mit dem Entree-Salon, es folgen Elisabeths Garderobe und ihr Turnzimmer. Hier zitiert die pompejanischen Vorbildern nachempfundene Dekoration der Wände verschiedene Sportarten, außerdem sind eine Hirschjagd und Wettkampf-Szenen dargestellt. Diese farbenprächtige Ausstattung entstand als Gemeinschaftsarbeit der Maler August Eisenmenger, Hugo Charlemont und Adolf Falkenstein. Zur ursprünglichen Einrichtung gehörten ein großer Turnapparat aus Eichenholz, ein Schwebebalken, verschiedene

Strebestangen, zwei Garnituren Ringe und eine der von Elisabeth zur regelmäßigen Gewichtskontrolle benützten Personenwaagen. Der nächste Raum, das Toilettezimmer, mündet in das Schlafzimmer der Kaiserin. Als Thema der Wandmalereien war Shakespeares „Sommernachtstraum“ vorgegeben, Elisabeths Lieblingsstück, an dem sie besonders der Gegensatz von schöner Illusion und dem „Eselskopf“ der Realität faszinierte. Deshalb beeindruckte die Kaiserin Titanias Verblendung, sich in einen Esel zu verlieben, auch mehr als die übrigen Illustrationen zum „Sommernachtstraum“. Elisabeth beschrieb das Bild in einem bereits 1885, also noch vor der Fertigstellung der Hermesvilla, verfaßen Gedicht: „Ein Apollo er an Schönheit, / Reizend sie und minniglich. / Um die jungen Schultern strömten / Flechten, Locken, rötlich blond, / [...] / Seinen Nacken leicht umwunden / Hielt ihr voller weißer Arm, / [...] / Plötzlich [...] / Traf ihn voll des Mondes Glanz, / Eines Esels Haupt, das trug er, / Frisch geschmückt mit Blütenkranz.“ Als sie zwei Jahre später erstmals im neuen Haus übernachtete, brachte die Kaiserin folgende Verse zu Papier:

Auf dem Pfühl im Freskosaale
Ist Titanias Bett gebreitet;
Und wie müd' sie niedergleitet,
Glänzt ein Bild in Lunas Strahle.
Und sie spricht mit leisen Worten:
„Schlafen nach so vielen Jahren,
Muss mir heute widerfahren,
Mit dem Freund, dem langbeohrten.
Doch es wird mich nachts mein alter
Freund, dort in Titanias Arme,
Nicht verführ'n mit seinem Charme;
Denn er ist nur ein gemalter!“

Am 18. Mai 1887 fuhr Elisabeth nach Bad Ischl. Dort erinnerte sie sich im Juni derselben Szene, diesmal allerdings ausschließlich unter dem negativen Aspekt ihrer Eheprobleme:

Deine früh ergrauten Haare
Stillen Vorwurf sprachen sie;
Und die Treue langer Jahre
Ich verdiente sie wohl nie.

Und doch schienst mit deinem grauen
Haupte du jetzt ganz und gar
Dort dem Esel gleich zu schauen,
Ähnlich bis aufs kleinste Haar.

Ach, Titania beneiden
Musst' ich heut', wie oftmals schon,
Die da träumt durch alle Zeiten
fort in süsser Illusion.

Deckengemälde im Schlafzimmer der Kaiserin
Hermesvilla

Schlafzimmer der Kaiserin, Hermesvilla

Hans Makart, der mit der Ausgestaltung des Schlafzimmers beauftragte Künstler, war bereits 1884 gestorben. Seine Nachfolger, die Maler Rudolf Carl Huber, Julius Berger, Hugo Charlemont und Pietro Isella, bemühten sich, Makarts Intentionen zu entsprechen. Mit dem Deckengemälde, der Szene „Titania vor Oberons Wagen“, variierte Hugo Charlemont Wielands Auffassung vom König der Elfen: „Da kam ein wunderschöner Zwerg/In einem Faeton, den junge Löwen zogen/[...]/Der Zwerg in seiner kleinen Hand/Hielt einen blüh'nden Lilienstängel [...]“ (Christoph Martin Wieland, Oberon, 1784, 4, 366-370). Zur originalen Einrichtung des Raumes gehören das hochbarocke Prunkbett, das übrige Mobiliar und das Bild „Madonna mit Kind“ von Fernand Jacques François Lematte. Die lebensgroße Frauenfigur „Melancholie“ wurde erst 1894, fünf Jahre nach dem Tod Kronprinz Rudolfs, hier aufgestellt.

Im Gegensatz zur düsteren Pracht des Schlafraumes wirkt der benachbarte Salon Elisabeths hell und freundlich. Allerdings ist das Deckengemälde „Der Frühling“, eine Gemeinschaftsarbeit von Franz Matsch und den Brüdern Gustav und Ernst Klimt, wegen der nach dem Zweiten Weltkrieg entstandenen Schäden und der daraufhin erfolgten umfassenden Restaurierung nur mehr bedingt als Original anzusehen. Der Kaiserin dürfte der Salon, so wie er war, recht gut gefallen haben, denn Franz Matsch hatte ihr später zahlreiche Aufträge zu verdanken. „Mamas Zimmer haben den besten Willen, ungeheuer freundlich zu sein, sind mir aber in ihrem manirierten Rokoko zuwider“, urteilte hingegen Marie Valerie.

Im anschließenden „Kirchensaal“ wurde früher für die kaiserliche Familie die heilige Messe gelesen. Er mündet in den von Kaiser Franz Joseph bewohnten Trakt, der mit dem „altdeutsch“ gestalteten Arbeitszimmer beginnt. „Reich geschmückt mit Boiserien“, hat es Elisabeth genannt, und so stellt es sich auch heute noch dar. Stilistisch und farblich stimmt der Plafond, eine Holzimitation aus Stuck, mit der aus Eibenholz hergestellten Wandverkleidung überein, dieselbe Holzart ist auch für das Mobiliar verwendet worden. Das von Georg Raab gemalte Porträt der Kaiserin hat sich nicht erhalten, ein stattdessen über dem Kamin angebrachtes Bildnis entspricht nur teilweise der Vorlage.

Winkend aus dem goldnen Rahmen,
Lächeln ihm zwei blaue Sterne;
Ach! Er hat sie nur zu gerne!
Flüstert leise ihren Namen.
Gross ist Oberons Entzücken,
Und das Bild ist gut getroffen;
Wohl thut ihn, gesteh'n wir's offen,
Nicht Titania draus beglücken.

So schrieb Elisabeth im Mai 1887, als sie ihren Oberon „auf den Knien“ vor einem im Arbeitszimmer befindlichen Porträt der Katharina Schratt vermutete. Dabei handelt es sich um das zuletzt im Schloß Grafenegg, 1987, ausgestellte Bild aus Privatbesitz, das nochmals und in der Hermesvilla zu zeigen leider nicht möglich gewesen ist. Dieses von Elisabeth bei Heinrich von Angeli bestellte Gemälde war Anlaß zum Beginn einer dreißigjährigen Korrespondenz zwischen dem Kaiser und seiner „gnädigen Frau“: „als Zeichen [...] innigsten Dankes [...], daß Sie Sich der Mühe unterzogen haben, zu dem Angelischen Bild zu sitzen“, schenkte Franz Joseph, „ergebener Bewunderer“ der Dargestellten, der Schauspielerin im Mai 1886 einen Smaragdring. Ein Jahr darauf teilte er Frau Schratt mit: „Unsere neue Villa im Thiergarten befriedigt uns sehr, sie ist gut und bequem zu bewohnen und die Umgebung ist jetzt im Frühjahre frisch grün. Ihr Portrait von Angeli schmückt mein Schreibzimmer [...]“. Dazu wäre es ohne Elisabeths Auftrag und die durch sie und über das Bild vermittelte Bekanntschaft Franz Josephs mit Frau Schratt gar nicht gekommen. Dennoch ist Elisabeths Kommentar bei aller Ironie doch etwas wehmütig:

Doch ist dies nicht wert des Lärmes;
Glück lebt nur in Phantasien,
Beiden sei darum verziehen;
Denkt da draussen Schutzgott Hermes.

Damit schließt das im „Feenschloss, genannt Villa Hermes" verfaßte Gedicht. Der Pointe und des Reimes wegen hatte sich die Kaiserin hier eine kleine Ungenauigkeit gestattet, denn Herters wahrscheinlich bereits 1886 ausgeführte Statue wurde mit 1888 datiert und erst in diesem Jahr aufgestellt.

Sehnsucht nach dem Süden

Auf den weiten grünen Matten
lagerte das braune Wild;
Unter alter Eichen Schatten
War's der tiefsten Ruhe Bild.

So schrieb Elisabeth 1887 in Bad Ischl, als sie ihres Aufenthalts in der Hermesvilla gedachte. Von der Schönheit der Umgebung, die sie wahrscheinlich mehr beeindruckte als das neue Haus selbst, schwärmte sie auch 1888:

Titania wandelt unter hohen Bäumen,
Mit weissen Blüten ist ihr Weg bestreut;
Die Buchen rings, die alten Eichen keimen,
Es scheint der Wald ein Dom dem Mai geweiht [...].

„Titanias Feenschloß" hatte den Nachteil, immer etwas feucht und kühl zu sein. Dennoch konnte sich die Kaiserin hier als eine der Feen fühlen, die in Wäldern verborgen leben, weil die heute noch bestehende Tiergartenmauer genügend Schutz vor der Neugier unerwünschter Beobachter bot. Das Bauwerk war 1782 bis 1787 errichtet worden, nachdem Maria Theresia mit Patent vom 4. April 1772 verfügt hatte, „einen nach allen Seiten verschlossenen Thiergarten herzustellen."

Elisabeth wurde es zur Gewohnheit, am 1. oder 2. Mai nach Wien zu kommen und gleich danach in die Hermesvilla zu übersiedeln. Dort blieb sie, von kurzfristigen Unterbrechungen abgesehen, bis zum alljährlichen Sommeraufenthalt in Bad Ischl, der zumeist Anfang Juli begann. Von der Möglichkeit, im Tiergarten längere Ausritte zu unternehmen, machte sie keinen Gebrauch. Stattdessen ging sie oft spazieren, widmete sich im Turnzimmer gymnastischen Übungen und badete, wenn es die Witterung zuließ, im großen Teich. Dabei sehnte sie sich nach dem angenehm temperierten Mittelmeer, vor allem aber fehlten ihr im Lainzer Domizil die Wärme und das Flair des Südens.

Feen leben nicht nur in Wäldern, sondern auch auf einer „Insel der Seligen", die Avalon genannt wird. 1888 glaubte Elisabeth, dieses „Zaubereiland, fern im Meer" gefunden zu haben; damals beauftragte sie den österreichischen Konsul auf Korfu, die Errichtung eines Schlosses auf der griechischen Insel zu veranlassen. Gleichzeitig begann sie mit dem Studium der alt- und neugriechischen Sprache, wofür sie zunächst Lehrer benötigte, später in erster

Linie Vorleser und Konversationspartner. Diese leisteten der Kaiserin auch bei den Spaziergängen im Tiergarten Gesellschaft: 1891 war Constantin Christomanos ihr Begleiter, 1894 Alexis Pali, 1895 Mauro Marinakis. Zu Christomanos sagte Elisabeth, auf Korfu fühle sie sich weniger fremd als in Wien, denn für ihren griechischen Wohnsitz habe sie jedes Stück persönlich ausgewählt. Sie nannte den 1891 fertiggestellten Palast „Achilleion" und ordnete an, daß der „Sterbende Achilles" 1890 in den Schloßpark übersiedelt wurde. Seitdem stand im Stiegenhaus der Hermesvilla eine verkleinerte, heute nicht mehr verfügbare Replik dieser Marmorskulptur.

Einige Jahre hindurch schien es, als hätte die Kaiserin endlich ihre Wahlheimat gefunden. Seit 1893 kam sie aber nur noch selten nach Korfu und trug sich bereits mit dem Gedanken, das Schloß zu verkaufen. Dennoch bestellte sie 1894 bei Franz Matsch ein Altarbild für die Kapelle des Achilleion. Matsch malte diese „Madonna Stella del Mare" 1896, nachdem er im Jahr davor für die Hermesvilla zweimal Katharina Schratt in der Titelrolle eines Theaterstücks von Hans Sachs, „Frau Wahrheit will niemand beherbergen", porträtiert hatte.

Oberons Schloß

„Hier werden Schweine und Hirsche für die Jagdlust des Allerhöchsten Hofes gehegt", heißt es in einer Beschreibung aus dem Jahre 1823. Auch in späterer Zeit wurde der nahe von Schloß Schönbrunn gelegene Lainzer Tiergarten in erster Linie als Jagdrevier genützt. So kam es, daß Kaiser Franz Joseph in der Hermesvilla lieber, zumindest aber viel öfter wohnte als seine Gemahlin. Außerdem war die sogenannte Schratt-Villa in der Gloriettegasse leicht zu erreichen, nämlich fast ebenso schnell wie von Schönbrunn aus. Daraus ergab sich, daß aus „Titanias Schloß" eines für Oberon wurde.

Nachdem sich Elisabeth Ende 1897 oder zu Anfang des darauffolgenden Jahres endgültig zum Verkauf des Schlosses Achilleion entschlossen hatte, ließ sie einen Teil der Einrichtung in die Hermesvilla bringen. Möglicherweise plante sie damals, in Zukunft öfter als bisher hierherzukommen. Jedenfalls schrieb ihr Franz Joseph am 10. September 1898: „Daß Du [...] eine Art Heimweh nach unserer lieben Villa 'Hermes' gefühlt hast, hat mich gerührt." Dieser Brief sollte die Kaiserin nicht mehr erreichen. In ihrem am 14. Juni 1896 in der Hermesvilla unterzeichneten Testament hatte sie Erzherzogin Marie Valerie das Haus im Lainzer Tiergarten „sammt Einrichtung und Zugehör" vermacht, für Franz Joseph jedoch „den lebenslänglichen Fruchtgenuß" vorgesehen. 1911 wurde die Hermesvilla mit dazugehörigem Areal dem Hofärar verkauft, die Auslagen für die Erhaltung und Administration gingen aber bis zum Ableben des Monarchen zu Lasten der kaiserlichen Privatkassa.

KATALOG

1 O NIMM MICH MIT INS FERNE LAND ...

So dichtete Elisabeth, Prinzessin in Bayern, über ihren „Traumprinzen" Kaiser Franz Joseph. Er hatte sich im August 1853 auf den ersten Blick in die hübsche Fünfzehnjährige verliebt und sich, für alle damals in Bad Ischl Anwesenden völlig überraschend, sofort mit ihr verlobt. „Sisi" war eine Nichte seiner Mutter, Erzherzogin Sophie, dieser im Aussehen ähnlich und vermutlich deshalb für ihn besonders attraktiv. Außerdem entsprach die Cousine dem zeittypischen Ideal von „Nymphe und Engel" ebenso wie der allgemein männlichen Vorstellung von einer geeigneten Lebensgefährtin:

„Was hat sie für liebe, sanfte Augen", schwärmte Franz Joseph gegenüber seiner Mutter, „dieser Liebreiz, diese kleinmädchenhafte und doch so süße Ausgelassenheit!"

O Schwalbe, leih' mir deine Flügel,
O nimm mich mit ins ferne Land,
Wie selig sprengt' ich alle Zügel,
Wie wonnig jedes fesselnd' Band!
Und schwebt' ich frei mit dir dort oben
Am ewig blauen Firmament,
Wie wollte ich begeistert loben
Den Gott, den man die Freiheit nennt.

1.1 **Erzherzogin Sophie**
Franz Schrotzberg, 1841

1.2 **Kaiser Franz Joseph**
Franz Russ d. Ä., 1852

1.3 **Kaiserin Elisabeth**
Franz Russ d. Ä., 1856

1.4 **Ludovika, Prinzessin von Bayern**
Joseph Stieler, um 1828

1.5 *Elisabeth als bayrische Prinzessin*
F. Hohe & A. Brugger, München 1853

1.7 *Erinnerungsblatt an die Verlobung des Kaisers*
Vinzenz Katzler, 1853

1.10 *Idylle am Starnberger See*, um 1853

1.11 *Schloß Possenhofen am Starnberger See,* 1854

1.12 *Elisabeth vor Schloß Possenhofen*
Andreas Fleischmann, 1853

1.13 *Ausfahrt des Brautpaares in die Umgebung von Bad Ischl,* um 1855

1.18 *Erinnerungsblatt an die Hochzeit*
Gebrüder Hanfstaengl, München 1854

1.19 *Die Hochzeit in der Wiener Augustinerkirche*

1.20 *Beleuchtungsobjekte für das Praterfest am 29. April 1854*

1.22 *Porträt Kaiser Franz Josephs*
Friedrich Dürck, 1854

1.21 *Porträt der Kaiserbraut*
Friedrich Dürck, 1854

1.25 *Kaiser Franz Joseph*
Franz Russ d. Ä., 1869

1.24 *Kaiserin Elisabeth*
Franz Russ d. Ä., 1862

1.27 *Ausritt im Lainzer Tiergarten*
Eduard Kaiser, um 1855

1.23 *Die junge Kaiserin*
Franz Russ d. Ä., um 1855

1.1 Franz Schrotzberg, **Erzherzogin Sophie**
Öl auf Leinwand, 158 x 121,5, 1841
Sammlungen der Schlösser Artstetten und Luberegg (SAL)
Abb. Seite 64

Sophie, eine Tochter Maximilians I., des Königs von Bayern, war seit 1824 mit Erzherzog Franz Karl vermählt. Ihr ältester Sohn Franz Joseph wurde 1848 Kaiser von Österreich.

1.2 Franz Russ d. Ä., **Kaiser Franz Joseph**
Öl auf Leinwand, 97,5 x 71, 1852
Wien, HM, I.N. 198.190
Abb. Seite 64

1.3 Franz Russ d. Ä., **Kaiserin Elisabeth**
Öl auf Leinwand, R: 92,5 x 77, 1856
Sammlungen der Schlösser Artstetten und Luberegg (SAL)
Abb. Seite 64

1.4 Joseph Stieler, **Ludovika, Prinzessin von Bayern**
Öl auf Leinwand, R: 93,5 x 80,5, um 1828
Sammlungen der Schlösser Artstetten und Luberegg (SAL)
Abb. Seite 64

Sophies Schwester Ludovika heiratete 1828 ihren Cousin Herzog Max in Bayern. Als viertes ihrer Kinder kam am 24. Dezember 1837 Prinzessin Elisabeth zur Welt.

1.5 **Elisabeth als bayrische Prinzessin**
Lithographie von F. Hohe & A. Brugger nach einer Fotografie von Alois Loecherer,
47,2 x 36,7, München 1853
Wien, HM, I.N. 132.591
Abb. Seite 65

1.6 **Elisabeth nach ihrer Verlobung**
Lithographie von Josef Kriehuber nach einer Miniatur von Richard Schwager
60,4 x 43,9, um 1853
Wien, HM, I.N. 78.155

1.7 **Erinnerungsblatt an die Verlobung Kaiser Franz Josephs am 19. August 1853**
Lithographie von Vinzenz Katzler, 39 x 29, 1853
Wien, HM, I.N. 20.737
Abb. Seite 65

1.8 **Kaiser Franz Joseph als Jäger**
Lithographie von Eduard Kaiser, 60,2 x 43,5, 1852
Wien, HM, I.N. 134.039

1.9 **Elisabeth am Ufer des Starnberger Sees**
Lithographie von Eduard Kaiser, 61,5 x 43, um 1853
Wien, HM, I.N. 15.970

1.10 *Idylle am Starnberger See*
Lithographie, 56,5 x 71,5, um 1853
Wien, HM, I.N. 91.428
Abb. Seite 65

Kaiser Franz Joseph rudert mit seiner Braut und dem künftigen Schwiegervater Herzog Max über den See. Die Szene ist beispielhaft für das Bemühen zahlreicher Künstler, die Liebesgeschichte möglichst romantisch darzustellen.

1.11 *Schloß Possenhofen am Starnberger See, der Sommersitz der herzoglichen Familie*
Gouache, 17,2 x 24,6, 1854
Wien, HM, I.N. 77.626/6
Abb. Seite 66

1.12 *Elisabeth zu Pferd vor Schloß Possenhofen*
Kolorierter Stahlstich von Andreas Fleischmann nach einem Gemälde von Karl Piloty und Franz Adam, 80,6 x 63, 1853
Budapest, Historisches Museum, I.N. 27.297
Abb. Seite 66

1.13 *Ausfahrt des Brautpaares in die Umgebung von Bad Ischl, August 1853*
Öl auf Leinwand, 90 x 110, um 1855
Wien, Kunsthistorisches Museum, Wagenburg, I.N. Z 37
Abb. Seite 66

1.14 *Geschenk des Kaisers an seine Verlobte*
Porzellanrosen in versilberter Vase, A. Risler u. Carre, Paris, H: 26, in Originalkassette
Privatbesitz

1.15 *Joseph Maria Kaiser*
Schlafzimmer Elisabeths im Linzer Landhaus
Gouache, 26 x 36, 1854
Wien, HM, I.N. 77.626/12

Während der Reise zu ihrer Hochzeit übernachtete Elisabeth am 21. April 1854 in der oberösterreichischen Landeshauptstadt.

1.16.1 *Imperialwagen des Wiener Hofes*
Kolorierte Lithographie nach Alexander von Bensa, 21,7 x 56,8
(Originalpassepartout 33,5 x 68,2)
Wien, HM, I.N. 55.588/1

1.16.2 *Wagen für das kaiserliche Gefolge*
Kolorierte Lithographie nach Alexander von Bensa, 21,7 x 56,8
(Originalpassepartout 33,5 x 68,2)
Wien, HM, I.N. 55.588/5

1.17.1–2 ***Elisabeths Fahrt zur Begrüßung in der Wiener Hofburg am 23. April 1854***
1: Lithographie, 46,5 x 58,7
2: Gouache, 55 x 75
Wien, HM, I.N. 65.579; I.N. 69.086

1.18 ***Erinnerungsblatt an die Hochzeit***
Lithographie der Gebrüder Hanfstaengl, München, 63,8 x 83,6, 1854
Wien, HM, I.N. 91.300/1
Abb. Seite 67

1.19 ***Die Hochzeit in der Wiener Augustinerkirche, 24. April 1854***
Lithographie, 42 x 26,7
Wien, HM, I.N. 91.393
Abb. Seite 67

1.20 ***Beleuchtungsobjekte für das Fest im Wiener Prater am 29. April 1854***
Gouache, 38,5 x 51,7 (Untersatzkarton 47,5 x 62,7)
Wien, HM, I.N. 20.471
Abb. Seite 67

Die Feiern zur Hochzeit des Kaisers dauerten eine Woche, wobei das Praterfest für die Wiener Bevölkerung einen besonderen Höhepunkt darstellte.

1.21 Friedrich Dürck, ***Porträt der Kaiserbraut***
Öl auf Leinwand, 72 x 58, 1854
Privatbesitz
Abb. Seite 69

Das Bild wurde von den Zeitgenossen als eines der besten beschrieben, da es sich „durch Aehnlichkeit und Characterisirung in hervorragender Weise“ auszeichne.

1.22 Friedrich Dürck, ***Porträt Kaiser Franz Josephs***
Öl auf Leinwand, 79 x 63, 1854
Privatbesitz
Abb. Seite 68

1.23 Franz Russ d. Ä., ***Die junge Kaiserin***
Öl auf Leinwand, 81,5 x 58, um 1855
Wien, HM, I.N. 198.191
Abb. Seite 71

Das erst kürzlich erworbene unsignierte und undatierte Bildnis verwendeten mehrere Graphiker als Vorlage, wobei nur bei Joseph Anton Bauer der Name des Malers (F. Russ) genannt ist. Russ schuf seit der Mitte der fünfziger Jahre zahlreiche Porträts der Kaiserin, darunter wahrscheinlich auch das bisher keinem Künstler zugeordnete Gemälde im niederösterreichischen Stift Melk.
Jedenfalls variieren die frühen Arbeiten Russ' denselben Typus: In Elisabeths auffallend wellig gestalteter Frisur befinden sich ein Diadem, ein zarter Schleier und /oder Efeublätter, auf die mit Efeublättern oder Blattwerk mit Efeublüten geschmückte Korsage wirft eine zweireihige Perlenkette ihren Schatten (siehe dazu auch Kat. 1.3).

1.24 Franz Russ d. Ä., ***Kaiserin Elisabeth***
Öl auf Leinwand, 168 x 137, 1862
St. Pölten, Niederösterreichisches Landesmuseum, I.N. 165.776
Abb. Seite 70

Seit dem Ende der fünfziger Jahre malte Russ Elisabeth im Stil des traditionellen Herrscher-Porträts, bei dem repräsentative Attribute – im speziellen Fall Schmuck und Kleidung – einen wesentlichen Teil des Bild-Inhalts darstellen (siehe auch Kat. 5.1).

1.25 Franz Russ d. Ä., ***Kaiser Franz Joseph***
Öl auf Leinwand, 168 x 137, 1869
St. Pölten, Niederösterreichisches Landesmuseum, I.N. 6.595
Abb. Seite 70

1.26 ***Ausritt in Bad Ischl***
Lithographie nach einer Zeichnung von Alois Bach, 62,5 x 47,6, um 1855
Wien, HM, I.N. 91.955

1.27 ***Ausritt im Lainzer Tiergarten***
Lithographie von Eduard Kaiser, 52,5 x 66,2, um 1855
Wien, HM, I.N. 91.037
Abb. Seite 70

2 ICH WANDLE HIN IN EINEM WALD VON TRÄUMEN

Das „ferne Land" des Kaisers von Österreich hatte Elisabeths Erwartungen nicht erfüllen können. In ihrer nach dem Vorbild des deutschen Romantikers Heinrich Heine (1797 – 1856) entstandenen Lyrik stilisierte sie sich zur Herrscherin einer dem mythischen Ort Avalon vergleichbaren Anderswelt: Dort regierte sie als Titania, Königin der Feen und Gemahlin des aus der mittelalterlichen Sage bekannten Elfenkönigs Oberon. In der Hermesvilla, umgeben von der idyllischen Landschaft des Wienerwaldes, war die Realität des Alltags „draussen an des Zauberwaldes Thor" geblieben und der Lainzer Tiergarten somit zum „Zauberort verborgen und gefeit" geworden: Elisabeths Selbstbild als Feenkönigin erinnerte hier vor allem auch an Diana, die scheue Göttin des Waldes und der Tiere.

Du stilles Leben unter hohen Bäumen,
Wo unbemerkt die Stunden flüchtig zieh'n!
Ich wandle hin in einem Wald von Träumen
Und ahne nicht, dass meine Jahre flieh'n.

An die Zukunfts-Seelen, 1887

Titania wandelt unter hohen Bäumen,
Mit weissen Blüten ist ihr Weg bestreut;
Die Buchen rings, die alten Eichen keimen,
Es scheint der Wald ein Dom dem Mai geweiht [...].

Titania und Alfred, III, *1888*

2.1 *Elisabeth im ersten Ehejahr*
nach Franz Schrotzberg (Original 1855)

2.2 *Entwurf zur Hermesvilla („Villa Waldruh")*
Carl von Hasenauer, 1881

2.5 *Heiliger Hain, von einem Einhorn bewacht*
Arnold Böcklin, 1871

2.12 *Nymphen am Diana-Brunnen*
Eduard Veith, um 1905

2.11 *Diana mit einem Reh*
Ferdinand Opitz, 1934

2.3 *„Blaues Einhorn“*, 18. Jh.

2.4 *Das gefangene Einhorn*, um 1500

2.9 *Diana mit zwei Hunden*, 1811/13

2.7 *Merkur (Hermes)*, 2. Hälfte 2. Jh. n. Chr.

2.14 *Elisabeth*
Foto Emil Rabending, 1865

2.15 *„Diana“, ein Hund der Kaiserin*
Karl Reichert, 1873

2.16 *„Shadow“, einer der Lieblingshunde der Kaiserin*
Karl Reichert, um 1873

2.13.1 *Elisabeth mit ihrem irischen Wolfshund*
Foto Emil Rabending, 1865

2.1 ***Elisabeth im ersten Ehejahr***
Farbdruck nach einem Gemälde von Franz Schrotzberg (1855), 47,3 x 33,4, um 1912
Wien, HM, I.N. 37.550
Abb. Seite 78

2.2 ***Carl von Hasenauer***
Entwurf zur Hermesvilla („Villa Waldruh")
Aquarell, 46,5 x 96,7, Karton 71 x 108, 1881
Wien, HM, I.N. 96.062
Abb. Seite 78

Die in den Jahren 1882 bis 1886 nach Plänen des Architekten Hasenauer im kaiserlich-königlichen Tiergarten errichtete Hermesvilla, ein Geschenk Kaiser Franz Josephs an seine Gemahlin, sollte ursprünglich „Villa Waldruh" heißen. Spätestens 1885 entschied die Kaiserin, das Gebäude nach dem griechischen Gott Hermes zu benennen. 1888 wurde die in ihrem Auftrag vom Berliner Bildhauer Ernst Herter ausgeführte Marmorstatue „Hermes als Wächter" vor der Gartenfront des Hauses aufgestellt.

2.3 ***„Blaues Einhorn"***
Sandstein, blau gefaßt, Vergoldung, H: 110, L: 95, B: 50
Hauszeichen vom Haus Wien 9, Liechtensteinstraße 74, 18. Jh.
Wien, HM, I.N. 117.461
Abb. Seite 81

Die Sage vom Fabeltier Einhorn, einem scheuen und schnellen Tier von unbezähmbarer Wildheit, geht auf die Antike zurück. Im Mittelalter hatte sich dazu die Vorstellung entwickelt, daß ein Einhorn nur von einer Jungfrau gefangen werden könne, welche nach christlicher Auffassung mit Maria gleichgesetzt wurde.

2.4 ***Das gefangene Einhorn***
Fotografie einer Tapisserie aus dem Schloß Verteuil, um 1500
New York, The Metropolitan Museum of Art
Abb. Seite 81

2.5 Arnold Böcklin, ***Heiliger Hain, von einem Einhorn bewacht***
Fotografie des Originals (Öl auf Leinwand, 1871)
München, Bayerische Staatsgemäldesammlungen, Schack-Galerie
Foto: Artothek
Abb. Seite 79

2.6 ***Hermesvilla mit Penzinger Wiese***
Radierung von Friedrich Pontini, 62,8 x 89,6, 1910
Wien, HM, I.N. 33.889

2.7 **Römische Statuette des Merkur (Hermes)**
Bronze, Fundort: Wien 1, Ruprechtsplatz, 1972, H: 11,4, 2. Hälfte 2. Jh. n. Chr.
Wien, HM, I.N. MV 9.600
Abb. Seite 81

Hermes, der mit Windeseile durch die Lüfte eilende Bote des Zeus, war nicht nur Schutzgott der Reisenden, sondern auch Gott der Kraft und Schönheit verleihenden gymnastischen Übungen, Begleiter der Seelen Verstorbener in die Unterwelt und Gott des Schlafes und der Träume. Als „Schloß der Träume" wurde die Hermesvilla von Elisabeth in ihren Gedichten bezeichnet, aber auch als „Titanias Feenschloß" und deren „Zauberschloß".

2.8 **Hermes als Wächter**
Fotografie von Didi Sattmann, 1991
Wien, HM

2.9 **Diana mit zwei Hunden**
Bisquit, Wiener Porzellanmanufaktur, H: 34, Dm.: 21, 1811/13
MMD – Museen des Mobiliendepots – Wien
I.N. 34.868/2
Abb. Seite 81

O Tochter Latonas [...], Herrin der Berge und grünenden Wälder, der verborgenen Schluchten und rauschenden Flüsse [...] Wie auch immer du genannt sein willst, sei geheiligt [...] und erweise deine Huld dem Volk des Romulus durch großzügige Hilfe! *C. Valerius Catullus, Diana-Hymnus (c. 34)*

2.10 **Diana in ihrem von Hirschen gezogenen Wagen**
Porzellan, Manufaktur Meißen, H: 30, L: 35, B: 23, Ende 19. Jh.
Wien, HM, I.N. Lueger 832

2.11 **Diana mit einem Reh**
Porzellan, Entwurf: Ferdinand Opitz 1934, H: 38,5
Wiener Porzellanmanufaktur Augarten Ges.m.b.H.
Abb. Seite 80

2.12 Eduard Veith, **Nymphen am Diana-Brunnen**
Öl auf Leinwand, 120 x 165, um 1905
Wien, Österreichische Galerie Belvedere, I.N. 5.847
Abb. Seite 80

Ich bin so scheu wie meine Rehe,
Und wie die weisse Damhirschkuh
Entflieh' ich, wo ich Menschen sehe
In meines Waldes grüne Ruh'!

(1888)

2.13.1–3 ***Elisabeth mit ihrem irischen Wolfshund***
Fotografien von Emil Rabending, 1865
1: in originalem Passepartout, 60,6 x 49,8, Bildausschnitt 40,5 x 34,7
2: 10,4 x 6,7 (Detail von 1), 3: 15,4 x 11,4
Wien, HM, I.N. 43.283; I.N. 103.274/2; I.N. 43.285/3
Abb. (2.13.1) Seite 83

Überliefert sind unterschiedliche Namen des Hundes, nämlich „Houseguard" und „Horseguard" (Szalay, Conte Corti).

2.14 ***Elisabeth***
Fotografie von Emil Rabending, 10,5 x 6,4, 1865
Wien, HM, I.N. 60.041/2
Abb. Seite 82

2.15 Karl Reichert, ***„Diana", ein Hund der Kaiserin***
Öl auf Leinwand in originalem Passepartout, 29,5 x 38,8, Bildausschnitt Dm.: 15, 1873
Wien, HM, I.N. 77.628/3
Abb. Seite 82

2.16 Karl Reichert, ***„Shadow", einer der Lieblingshunde der Kaiserin***
Öl auf Leinwand in originalem Passepartout, 29,5 x 38,8, um 1873
Wien, HM, I.N. 77.628/1
Abb. Seite 82

2.17 Frida Kahlo, ***Der verletzte Hirsch***
Fotografie des Originals (Öl auf Hartfaser, 1946)
Privatsammlung

3 WIE ARIADNE EINST, WEILT HEUT VERLASSEN TITANIA

In William Shakespeares „Sommernachtstraum", Elisabeths erklärtem Lieblingsstück, gefielen ihr hauptsächlich das Thema des Machtkampfes zwischen Oberon und Titania, deren Eifersucht aufeinander und die Beziehung Titanias zu ihrem Liebhaber mit dem Eselskopf. Allerdings schrieb die Kaiserin über die Gemahlin Oberons eine ganz andere Geschichte: Sie verlieh den Eselskopf dem Elfenkönig, verzichtete auf eine Versöhnung mit diesem und versah stattdessen Titania mit Eigenschaften der Ariadne, einem der Romantik vertrauten Stereotyp für weibliche Wehmut und Leidensbereitschaft.

Wie Ariadne einst, weilt heut verlassen
Titania auf hohem Fels allein,
Schon will der Sonne letzter Strahl erblassen,
Im hohen Äther glänzt des ersten Sternes Schein, [...]
Titania starret regungslos in's Weite,
Ihr feuchter Blick, wem giebt er noch Geleite?

Titania und Alfred, Schluß-Stanze, *1888*

In üpp'gen Sommernächten,
Bei schwülem Vollmondschein
Dacht' oft: „Jetzt hab' ich den Rechten!"
Und wollte mich schon freu'n.

Doch immer beim Morgengrauen,
An's Herz gedrückt noch warm,
Musst' mit Entsetzen ich schauen
Den Eselskopf im Arm!

Titanias Klage, 1885

3.1 *Elisabeth in München*
Foto Franz Hanfstaengl, 1857 (1859)

3.5 *Allegorie der Liebe*
Kolo Moser, um 1895

3.4.2 *Die Kaiserin kurz vor ihrer „Flucht“ aus Wien*
Foto Ludwig Angerer, 1860

3.7 *Bacchus begegnet Ariadne auf Naxos*
Brüder Le Nain, 17. Jh.

3.3 *Schlafende Ariadne*
nach einem griechischen Original, 2. Jh. v. Chr.

3.11 **Entwurf für das Schlafzimmer der Kaiserin in der Hermesvilla**
Hans Makart, 1882

3.12 **Entwurf für das Schlafzimmer der Kaiserin in der Hermesvilla**
Rudolf Carl Huber, nach 1884

3.8 *Die Kaiserin auf Madeira*
Peter Rosegger, 1861

3.9 *Elisabeth mit ihren Hofdamen auf Madeira,* 1860

3.17 *Königin Elisabeth*
Alajos Stróbl, um 1906

3.18 *Gyula Graf Andrássy d. Ä.*
György Zala, 1902

3.14 *Kaiserin Elisabeth im Reitkleid*
Ottilie Strecker, 1873

3.16 *Katharina Schratt als „Frau Wahrheit"*
Franz Matsch, 1895

3.13 *Titania liebkost Zettel mit dem Eselskopf*
Heinrich Füssli, 1793/94

3.1 **Elisabeth in München, 1857**
Fotoreproduktion des Abzuges von 1859, Atelier Franz Hanfstaengl, 23,9 x 17,7
München, Stadtmuseum – Fotomuseum
Abb. Seite 88

Die Aufnahme entstand wenige Monate nach dem Tod des ersten Kindes der Kaiserin, Sophie (geb. 5.3.1855, gest. 29.5.1857). Elisabeth brauchte lange, um sich von diesem Schicksalsschlag zu erholen, sie suchte, wie auch sonst sehr oft, Trost bei ihrer Familie in Bayern.

3.2 Felix Philipp Kanitz, ***Abreise des Kaisers nach Italien, 29. Mai 1859***
Bleistiftzeichnung, teilw. laviert, 21,4 x 24,2
Wien, HM, I.N. 169.748

Trotz Elisabeths ausdrücklicher Mißbilligung nahm Franz Joseph am italienischen Feldzug teil, der für Österreich glücklos enden sollte. Auch nach der Rückkehr des Kaisers nach Wien besserte sich die Beziehung des Ehepaares zueinander nicht wesentlich.

3.3 **Schlafende *Ariadne***
Nachbildung der römischen Großplastik (Kopie nach griechischem Original, 2. Jh. v. Chr.) in den Vatikanischen Museen in Rom
Bronze, Marmor, H: 36, L: 40, T: 19
Wien, HM, I.N. 198.192
Abb. Seite 90

Als Ariadne vom wellenumrauschten Strand von Dia (Naxos) in die Ferne sieht, bemerkt sie, daß Theseus mit schneller Flotte entflieht. Das Herz von wilder Leidenschaft erfüllt, kann sie noch nicht glauben, daß das, was sie erblickt, Wirklichkeit ist; denn eben erst aus trügerischem Schlaf aufgeschreckt, wie soll sie da erkennen, daß sie sich, verlassen und unglücklich, an einsamer Küste befindet?

C. Valerius Catullus, c. 64, 52 – 57

Ein Schönes war,
hieß Theseus-Ariadne
und ging im Licht
und freute sich des Lebens!
Warum weiß ich davon?
Ich will vergessen!
Dies muß ich nur noch finden:
Es ist Schmach, zerrüttet sein, wie ich!
Man muß sich schütteln:
Ja, dies muß ich noch finden:
das Mädchen, das ich war!

Hugo von Hofmannsthal – Richard Strauss, Ariadne auf Naxos, 1912

3.4.1–2 *Die Kaiserin kurz vor ihrer „Flucht" aus Wien*
Fotografien von Ludwig Angerer, 1860
1: 9,6 x 6,3, 2:10,5 x 6,4
Wien, HM, I.N. 132.739/1; I.N. 49.804/278
Abb. (3.4.2) Seite 89

Elisabeth fühlte sich seelisch vereinsamt, außerdem litt sie unter Gerüchten über Franz Josephs eheliche Untreue. Im Herbst 1860 gab ihr Gesundheitszustand Anlaß zu ernster Besorgnis, weshalb die Ärzte dringend zu einem Aufenthalt im Süden rieten.

3.5 Kolo Moser, *Allegorie der Liebe*
Tuschzeichnung, 63,5 x 49, Bildausschnitt 43,3 x 19,4, um 1895
Wien, HM, I.N. 25.693
Abb. Seite 89

3.6 *„Kaiserin Schlitten"*
Kolorierte Lithographie, 18,9 x 25,7, um 1860
Wien, HM, I.N. 64.840

3.7 Brüder Le Nain (Louis und/oder Mathieu), *Bacchus begegnet Ariadne auf Naxos*
Öl auf Leinwand, 102 x 152, 17. Jh.
Orléans, Musée des Beaux-Arts, I.N. 70.4.1
Abb. Seite 90

3.8 Peter Rosegger, *„Ihre Majestät die Kaiserin in Madeira. 1861."*
Fotografie des Originals (Tuschzeichnung)
Graz, Steiermärkische Landesbibliothek, Roseggerarchiv
Abb. Seite 92

3.9 *Elisabeth mit ihren Hofdamen auf Madeira*
Fotografie des Originals (1860)
Wien, HM, I.N. 133.448/1
Abb. Seite 92

3.10 *Die Kaiserin auf Madeira*
Fotografie des Originals (Fotomontage, 1860)
Wien, HM, I.N. 76.160/1

3.11 Hans Makart, *Entwurf für das Schlafzimmer der Kaiserin in der Hermesvilla*
Öl auf Leinwand, 135 x 240, 1882
Wien, Österreichische Galerie Belvedere, I.N. 2.609
Abb. Seite 91

Makart erhielt den Auftrag, Elisabeths Schlafzimmer mit Szenen aus dem „Sommernachtstraum" auszugestalten. Er fertigte eine Skizze zur Dekoration einer Wand an, die von den Nachfolgern des 1884 verstorbenen Künstlers detailgetreu umgesetzt wurde.

3.12 Rudolf Carl Huber, **Entwurf für das Schlafzimmer der Kaiserin in der Hermesvilla**
Öl auf Leinwand, 60,5 x 44,5, nach 1884
Wien, HM, I.N. 71.501/2
Abb. Seite 91

3.13 Heinrich Füssli, **Titania liebkost Zettel mit dem Eselskopf**
Fotografie des Originals (Öl auf Leinwand, 1793/94)
Zürich, Kunsthaus – Vereinigung Zürcher Kunstfreunde
© 1998 by Kunsthaus Zürich
Abb. Seite 95

3.14 Ottilie Strecker, **Kaiserin Elisabeth im Reitkleid**
Öl auf Leinwand, 108 x 74,5, 1873
Budapest, Ungarisches Nationalmuseum, I.N. 1.865
Abb. Seite 94

3.15 Wilhelm Richter, **Kaiser Franz Joseph auf der Fuchsjagd**
Öl auf Leinwand, 99 x 72, 1875
MMD – Museen des Mobiliendepots – Wien, I.N. 43.669/70

3.16 Franz Matsch, **Katharina Schratt als „Frau Wahrheit" in Hans Sachs' „Frau Wahrheit will niemand beherbergen"**
Öl auf Leinwand, 151 x 124, 1895
Wien, Österreichischer Bundestheaterverband, Burgtheater, I.N. Geb. Insp. Burgth. 111–1/56B
Abb. Seite 94

Mit der Burgschauspielerin Katharina Schratt (1855–1940) verband den Kaiser eine innige Freundschaft. Die Bekanntschaft hatte Elisabeth vermittelt. In der Hermesvilla hingen mehrere Porträts der Künstlerin, darunter auch das Bild „Frau Wahrheit". Zu den Gemälden hatte die Kaiserin den Auftrag erteilt. Sie war es auch, die Frau Schratt dazu einlud, sie und ihren Gemahl in der Villa zu besuchen.

3.17 Alajos Stróbl, **Königin Elisabeth**
Bronze, H: 91, um 1906
Budapest, Ungarische Nationalgalerie, I.N. 52.132
Abb. Seite 93

3.18 György Zala, **Gyula Graf Andrássy d. Ä.**
Bronze, H: 94, 1902
Budapest, Ungarische Nationalgalerie, I.N. 96.1–N
Abb. Seite 93

Es war hauptsächlich der Überzeugungskraft des Grafen Andrássy zuzuschreiben, daß Elisabeth national-ungarische Interessen zu den ihren machte. Als sie ihm 1866 erstmals begegnete, hatte der acht Jahre zuvor aus dem Exil heimgekehrte Magnat noch immer den Nimbus eines Helden und Kämpfers für Freiheit und Gerechtigkeit. Die Kaiserin war fasziniert und Andrássy war es auch: Seine Zuneigung galt der mit ihm durch die Sache der Magyaren verbundenen Fürsprecherin beim Monarchen, seine Verehrung aber in erster Linie der schönen Frau.

4 ENDLICH KANN TITANIA FLIEHEN

Eine Reise nach Madeira, 1860, bildete den Auftakt zu zahlreichen Auslandsaufenthalten. Die Konfrontation mit Neuem und Fremdartigem bot Zerstreuung und Abwechslung, außerdem bewirkte sie, daß Elisabeths fortgesetzte Beschäftigung mit sich selbst an Intensität verlor. Somit konnte sich die Kaiserin in doppelter Hinsicht befreit fühlen, einerseits von der Wiener „Kerkerburg“, andererseits von inneren Zwängen.

Endlich kann Titania fliehen,
Unbemerkt von allen Gästen,
Die gerad' mit Wort und Gesten
Sich zum Glück nicht um sie mühen.

Über den Besuch auf Schloß Pelesch (Rumänien), *1887*

Ja, ein Schiff will ich mir bauen!
Schönres sollt ihr nimmer schauen [...]
„Freiheit“ wird vom Maste wehen
„Freiheit“ wird am Buge stehen [...]
Sucht es dann ihr Telegraphen,
Für ein Hoffest mich zu schaffen
In die Kerkerburg zurück;
Fischt im Klaren, fischt im Trüben,
Fangt die Möve nach Belieben;
Hurrah! wir sind frei und flügg'!

Liberty, 1887

4.11 *Begegnung vor der Kurhalle in Kissingen, Juni 1864*
Johann Maar

4.13 *Schloß Garatshausen am Starnberger See*
Anton Doll, 1854

4.15 *Villa Trauttmansdorff bei Meran*
Karl Friedrich Harveng, 1870

4.17 *Schloß Sassetôt in der Normandie*
Anton Romako, 1878

4.1 *Raddampfer „Elisabeth“*
G. Zöbler

4.5 *Gondelfahrt in Venedig*
Emil Hartitzsch, 1862

4.10.4 *In der bayrischen Heimat*
Foto Josef Albert, um 1865

4.10.3 *Elisabeth in Bayern*
Foto Josef Albert, um 1865

4.1 G. Zöbler, ***Raddampfer „Elisabeth"***
Tuschfederzeichnung aus dem Besitz der Kaiserin, 26,2 x 36,9
Wien, HM, I.N. 77.626/32
Abb. Seite 102

Elisabeth verwendete das für die k.k. Kriegsmarine angekaufte Schiff seit 1854 für Ausflüge.

4.2.1–2 ***Ansichten aus Madeira***
1: Câmara de Lobos
2: Brunnen in Monte
Fotografien nach zeitgenössischen Bildern aus: Doris Falkenau, Auf Sisis Spuren in Madeira. Verlag Österreich, Österreichische Staatsdruckerei AG, Wien 1996

4.3 Cesare dell'Acqua, ***Ankunft der Kaiserin in Miramare, 18. Mai 1861***
Fotografie des Originals (Öl auf Leinwand, 1864, Detail)
Grignano, Schloß Miramare

Nach einem kurzen Aufenthalt auf Korfu trat Elisabeth die Heimreise aus Madeira an. In Miramare besuchte sie Erzherzog Ferdinand Max, den späteren Kaiser von Mexiko, und dessen Gemahlin Charlotte.

4.4 ***Elisabeth in Venedig***
Fotografie, 9,8 x 6,4, 1862
Wien, HM, I.N. 133.182/5

Im Juni 1861 verließ die Kaiserin abermals Wien Richtung Triest, Korfu und Venedig, wo sie von Oktober 1861 bis Mai 1862 blieb.

4.5 Emil Hartitzsch, ***Gondelfahrt in Venedig***
Tuschzeichnung, 31,1 x 23,1, 1862
Wien, HM, I.N. 134.032
Abb. Seite 102

Im Herbst 1861 fuhren die Kinder Elisabeths zu einem Wiedersehen mit ihrer Mutter nach Venedig. Die Darstellung zeigt Elisabeth, Gisela und Rudolf mit Baronin Charlotte von Welden, der Erzieherin des Kronprinzen.

4.6 Friedrich Eibner, ***Venedig bei Nacht***
Öl auf Leinwand, 70 x 52, 1869
Wien, HM, Bestand Hermesvilla (Ah. P.F. 5.414)

4.7 ***Modell von Schloß Possenhofen***
Holz, Papier, Plastik, 45 x 38,8 x 53, 1978
Wien, HM, Deposita, 60

4.8 **Elisabeth mit ihrem Bruder Karl Theodor**
Fotomontage, 10,2 x 6,2, 1862
Wien, HM, I.N. 103.431/765

Nach einem Kuraufenthalt in Kissingen mit anschließendem Besuch in Possenhofen kehrte die Kaiserin in Begleitung ihres Bruders am 14. August 1862 nach Wien zurück.

4.9 **Ludovika, Herzogin in Bayern**
Fotografie von Hermann Holz (München), 10 x 6,2
Wien, HM, I.N. 103.431/617

4.10.1–4 **Elisabeth in Bayern, um 1865**
1: Fotografie von Hermann Holz (München), 10,2 x 6,2
2: Fotografie von Josef Albert (München), 10 x 6,2
3: Fotografie von Josef Albert (München), 47,7 x 32
4: Fotografie von Josef Albert (München), 10,1 x 6,2
Wien, HM, I.N. 76.621/122; I.N. 43.287; I.N. 91.866; I.N. 43.285/1
Abb. (4.10.3, 4.10.4) Seite 102

4.11 Johann Maar, **Elisabeth, König Ludwig II. und Zar Alexander II. mit Gemahlin Maria vor der Kurhalle in Kissingen, Juni 1864**
Aquarell, 22,5 x 32,5
Wien, HM, I.N. 77.626/10
Abb. Seite 100

Elisabeth befand sich erstmals 1862 zur Kur in Kissingen. Sie wiederholte diese in den Jahren 1863 bis 1865 und hielt sich auch während ihrer letzten beiden Lebensjahre hier auf.

4.12 **Die Kuranlagen von Kissingen**
Fotografie, 29 x 38,2
Wien, HM, I.N. 182.046

4.13 Anton Doll, **Schloß Garatshausen am Starnberger See**
Aquarell, 16 x 23,1, 1854
Wien, HM, I.N. 77.626/7
Abb. Seite 100

Während der Sommermonate wohnte Elisabeth oft in Schloß Garatshausen, das ihrem ältesten Bruder Ludwig Wilhelm gehörte.

4.14.1–2 ***Ansichten aus Bayern***
1: Umgebung von Partenkirchen
Aquarell, 15,5 x 21,6
2: Motiv aus dem bayrischen Hochland
Aquarell, 15,4 x 19,8 (Untersatzkarton für 1–2 : 45,5 x 65)
Wien, HM, I.N. 77.626/23–24

Ebenso wie die anderen in diesem Ausstellungsraum gezeigten Aquarelle gehörten auch diese Blätter ursprünglich der Kaiserin.

4.15 Karl Friedrich Harveng, *Villa Trauttmansdorff bei Meran*
Gouache, 21,2 x 34,1, 1870
Wien, HM, I.N. 77.626/18
Abb. Seite 101

Elisabeth wohnte hier von Herbst 1870 bis Anfang Juni 1871. Auch die folgende Wintersaison verbrachte sie hauptsächlich in Meran.

4.16 Josef Gisela, *Südliche Gebirgslandschaft*
Aquarell, 23,5 x 30,5, 1872
Wien, HM, I.N. 77.626/26

4.17 Anton Romako, *Schloß Sassetôt in der Normandie*
Aquarell, 37 x 50,8, 1878
Wien, HM, I.N. 77.626/41
Abb. Seite 101

Bei einem Reitunfall im Schloßpark von Sassetôt les Mauconduits erlitt Elisabeth eine schwere Gehirnerschütterung (11. September 1875).

4.18 *Stadtplan von Athen*
Kupferstich von J. Henshall, 36 x 45, 1847
Wien, HM, I.N. 21.079

Von Korfu aus reiste die Kaiserin mehrmals nach Athen.

4.19 *Das Kurhaus von Baden-Baden*
Kupferstich von F. Würthle, 16,5 x 21,5
Wien, HM, I.N. 76.615/147

Auch Baden-Baden war eines der Reiseziele. Hier erhielt Elisabeth 1883 Unterricht im Fechten, ebenso unternahm sie von hier aus mehrstündige Wanderungen.

4.20.1–2 *Elisabeth und ihre Verwandten in Bayern*
1: Herzog Max
2: Herzogin Ludovika mit ihren Kindern Sophie, Elisabeth, Karl Theodor und Max Emanuel
Fotografien aus: Werner Bokelberg (Hg.), Sisis Familienalbum, mit einer Einleitung von Brigitte Hamann. Harenberg Kommunikation, Dortmund 1980

5 UM OB'RONS WILLEN THU ICH'S NUR

Das der Öffentlichkeit vermittelte Elisabeth-Bild stand im Dienst der Propaganda. Es sollte die gütige Landesmutter, liebevolle Mutter der Kinder, dem Gemahl treu ergebene Ehefrau bewiesen werden. Der Demonstration eines harmonischen Familienlebens dienten Lithographien, Zeitungsillustrationen, aus Einzeldarstellungen zusammengesetzte Fotomontagen. Tatsächlich ließ sich die Kaiserin mit Ausnahme eines einzigen Familienbildes weder mit den Kindern noch mit Franz Joseph und seinen Angehörigen fotografieren.

Wie geht's mir gegen die Natur!
Fürwahr mir macht es wenig Freude;
Um Ob'rons willen thu ich's nur.

Aus der Hofchronika der Königin Titania, 1887

Seufzend von dem müden Haupte
Nehm' die Krone ich herab;
Wie viel gute Stunden raubte
Heut' der Ceremonienstab!

Hofball, 1887

Doch die grösste aller Wonnen,
Könnte ich der Dachstein sein,
Den Verwandten wär' entronnen
Ich sammt ihrer ganzen Pein.

Ja, wenn ich der Dachstein wäre, 1886

5.1 ***Kaiserin Elisabeth***
Franz Russ d. Ä., 1859

5.2 *Erinnerungsblatt an die Österreichreise 1856*

5.11 *Besuch der Volksküche in Wien 1, Schönlaterngasse*
August Mansfeld, 1876

5.24 *Das Kaiser- und Kronprinzenpaar im Laxenburger Schloßpark*
Karl Schweninger d. Ä., 1887

5.5 *Das Kaiserpaar mit den Kindern*
Emil Hartitzsch, 1862

5.9 *Schlußsteinlegung des Rudolfsspitals am 12. Dezember 1864*
Franz Gerasch

5.14 *Galadiner mit dem russischen Zaren in Kremsier, August 1885*

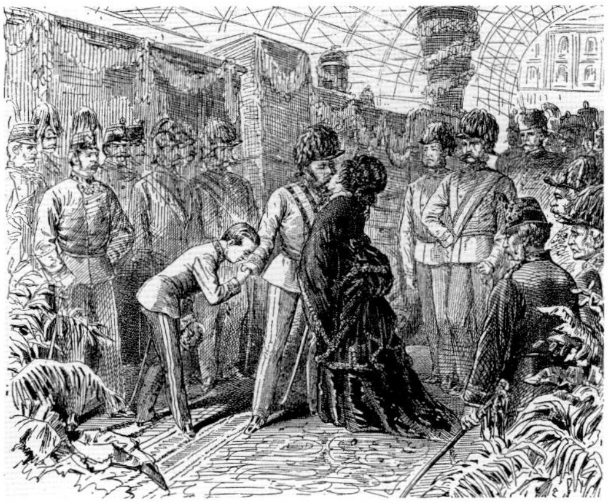

5.6 *Abreise des Kaisers nach Dalmatien am 1. April 1875*

5.8 *Besuch des Armen- und Altersheims in Wien 9, Währingerstraße*
Josef Lanzedelli, 1863

5.10 *Fronleichnamsprozession am 8. Juni 1871*
H. Bültemeyer – F. Laufberger

5.17 *Die kaiserliche Familie im Herbst 1859*
Foto Ludwig Angerer

5.20 *Familienbild zur Verlobung der Erzherzogin Gisela*, 1872

5.23 *Familienbild zur Geburt des Enkelkindes Elisabeth*, 1883

5.1 Franz Russ d. Ä., **Kaiserin Elisabeth**
Öl auf Leinwand, 222 x 110, 1859
Budapest, Ungarisches Nationalmuseum, I.N. MTKCS 1.870
Abb. Seite 108

5.2 **Erinnerungsblatt an die Österreichreise 1856**
Lithographie, 49 x 36,8
Wien, HM, I.N. 134.038
Abb. Seite 108

5.3 **Drei Generationen des Kaiserhauses**
Lithographie von Josef Bauer nach Karl Josef Geiger, 62 x 76,8, 1856
Wien, HM, I.N. 91.380

Dargestellt sind außer dem Kaiserpaar und den Kindern Sophie (gest. 1857) und Gisela die Eltern des Kaisers, Erzherzogin Sophie und Erzherzog Franz Karl.

5.4 **Elisabeth mit Gisela und Kronprinz Rudolf**
Fotografie, teilw. koloriert, nach einem Aquarell von Josef Kriehuber, 21,8 x 25,5 (Passepartout 26,6 x 31), 1858
Wien, HM, I.N. 91.986

Nach Sophie (geb. 1855) und Gisela (geb. 1856) wurde 1858 der Thronfolger Rudolf geboren.

5.5 Emil Hartitzsch, **Das Kaiserpaar mit den Kindern**
Tuschzeichnung mit Deckweiß, 33,4 x 24,6, 1862
Wien, HM, I.N. 134.033
Abb. Seite 110

5.6 **Abreise des Kaisers nach Dalmatien am 1. April 1875**
Zeitungsholzstich, 27 x 23,8
Wien, HM, I.N. 51.125/27
Abb. Seite 110

Im „Extrablatt" vom 4. April 1875 erschien dazu folgender Text: „Allen, die [...] auf dem Bahnhofe Zeugen des Abschieds zwischen dem Kaiser und seiner Gemalin waren, bot sich eine ergreifende Szene dar. Der Monarch, im Begriffe Wien auf volle sechs Wochen zu verlassen, nahm Abschied von der Kaiserin und dem Kronprinzen [...]. Die Trennung berührte die gemüthstiefe Kaiserin sowohl wie den Kronprinzen sichtlich sehr schmerzlich [...]."

5.7 Felix Kanitz (?), **Empfang des Kaiserpaares anläßlich der Grundsteinlegung zur Wiener Votivkirche am 24. April 1856**
Lavierte Sepiazeichnung, 35,5 x 24,5
Wien, HM, I.N. 20.476

5.8 *Besuch des Armen- und Altersheims in Wien 9, Währingerstraße, am 10. April 1863*
Lithographie von Josef Lanzedelli, 39 x 47
Wien, HM, I.N. 20.759
Abb. Seite 110

Sowohl im Jänner als auch im April 1863 besichtigte das Kaiserpaar das neue Versorgungshaus in Wien-Alsergrund. Elisabeth kam auch später hierher, nämlich im Februar 1869, im März 1878 und im Februar 1883.

5.9 *Schlußsteinlegung des Rudolfsspitals am 12. Dezember 1864*
Lithographie von Franz Gerasch, 46,1 x 60,8
Wien, HM, I.N. 31.696
Abb. Seite 110

Das nach der Geburt des Thronfolgers gestiftete Krankenhaus (nach heutiger Adresse Wien 3, Boerhaavegasse 8 und 13) wurde 1865 eröffnet.

5.10 *Fronleichnamsprozession am 8. Juni 1871*
Stahlstich von Heinrich Bültemeyer und Ferdinand Laufberger, 62,5 x 45,9
Wien, HM, I.N. 31.401
Abb. Seite 110

Die Teilnahme der kaiserlichen Familie beim alljährlichen Umgang von St. Stephan befriedigte die Neugier der Wiener vor allem dann, wenn sie dabei die Kaiserin sehen konnten: Elisabeth folgte Franz Joseph, der hinter dem Baldachin schritt, die lange Schleppe ihres Kleides wurde von zwei Pagen getragen.

5.11 August Mansfeld, *Besuch der Volksküche in Wien 1, Schönlaterngasse*
Öl auf Leinwand, 58,5 x 73,5, 1876
Wien, HM, I.N. 28.569
Abb. Seite 109

5.12 *Erinnerungsblatt an die am 1. Mai 1873 eröffnete Wiener Weltausstellung*
Lithographie von Johann Wilhelm Frey, 54,9 x 71,8
Wien, HM, I.N. 34.354/1

5.13 *Tableau zur Silberhochzeit des Kaiserpaares 1879*
Lithographie von M. Streicher, 65,2 x 52,3
Wien, HM, I.N. 16.179

5.14 *Galadiner mit dem russischen Zaren Alexander III. in Kremsier, August 1885*
Zeitungsholzstich, 28 x 23,3
Wien, HM, I.N. 51.125/61
Abb. Seite 110

Zu diesem Treffen notierte Elisabeth in ihrem literarischen Tagebuch: „In Frack und Uniform sind hier Makaken / Mit Ordensband, voll Schnurren und voll Schnacken; / Manch' Diplomaten-Eslein freut die Bande [...]."

5.15 *Weihnachten in der Wiener Hofburg*
Zeitungsholzstich nach einer Zeichnung von Franz Kollarz, 37,6 x 28, 1879 (?)
Wien, HM, Sammlung Wurzbach

Das Bild zeigt den Monarchen im engsten Familienkreis, dem außer seiner Gemahlin und den Kindern Gisela, Rudolf und Marie Valerie (geb. 1868) inzwischen auch der Schwiegersohn Prinz Leopold von Bayern angehört.

5.16 Wilhelm Gause, *Weihnachten in der Wiener Hofburg*
Gouache in Grisaille, 28,5 x 40,5, 1886
Wien, HM, I.N. 64.056

Außer dem Kaiserpaar sind Marie Valerie und Kronprinz Rudolf, dieser mit Gemahlin Stephanie und Tochter Elisabeth (geb. 1883), dargestellt.

5.17 **Die kaiserliche Familie im Herbst 1859**
Fotografie von Ludwig Angerer, 20,9 x 29,5 (Album 29,6 x 42)
Wien, HM, I.N. 132.413/11
Abb. Seite 111

Diese einzige authentische Aufnahme Elisabeths mit Franz Joseph, den Kindern und Verwandten des Kaisers zeigt außer dessen Eltern Sophie und Franz Karl deren Söhne Karl Luwig, Ludwig Viktor und Ferdinand Maximilian. Neben Ferdinand Maximilian steht seine Gemahlin Charlotte.

5.18 **Familienbild, um 1861**
Fotomontage von O. Sommer, 10,4 x 6,2
Wien, HM, I.N 47.565

Karl Ludwig ist mit seiner späteren Gemahlin Maria Annunziata zu sehen. Die übrigen Personen entsprechen dem Gruppenbild von 1859.

5.19 **Schreiben der Kaiserin an Leopoldine Nischer, die frühere „Vorsteherin der kaiserlichen Kindskammer"**
Handschrift auf Papier, 22,3 x 17,9, 15. August 1868
Wien, HM, I.N. 198.181

In diesem Brief ersuchte Elisabeth die erfahrene Kinderfrau, ihre Stellung am Hof neuerlich anzutreten, um auch Marie Valerie versorgen und betreuen zu können.

5.20 **Familienbild zur Verlobung der Erzherzogin Gisela mit Prinz Leopold von Bayern am 7. April 1872**
Fotomontage, 14,6 x 11
Wien, HM, I.N. 69.915
Abb. Seite 111

5.21 **Das Kaiserpaar mit Kindern und Enkelkindern**
Zeitungsholzstich nach einer Zeichnung von Vinzenz Katzler, 37,3 x 57,1, 1878/79
Wien, HM, Sammlung Wurzbach

Dargestellt sind Franz Joseph, Elisabeth, Rudolf, Marie Valerie und Gisela, diese mit Ehemann und den Kindern Elisabeth und Auguste.

5.22 **Familienbild aus Anlaß der Hochzeit des Kronprinzen mit der belgischen Prinzessin Stephanie**
Fotomontage, 14,2 x 10,1, 1881
Wien, HM, I.N. 76.019

Außer dem Kronprinzenpaar sind deren Väter, Kaiser Franz Joseph und Leopold II., König der Belgier, zu sehen, ebenso die beiden Mütter Elisabeth und Marie Henriette.

5.23 **Familienbild zur Geburt des Enkelkindes Elisabeth**
Fotomontage, 14,2 x 10,3, 1883
Wien, HM, I.N. 73.302
Abb. Seite 111

Kronprinzessin Stephanie hält ihre Tochter Elisabeth im Arm. Hinter ihr stehen ihr Gemahl, ihre Schwägerin Marie Valerie und ihre Schwiegereltern.

5.24 Karl Schweninger d. Ä., **Das Kaiser- und Kronprinzenpaar im Laxenburger Schloßpark**
Öl (Grisaille) auf Leinwand, 90,2 x 125,5, 1887
Wien, HM, I.N. 16.865
Abb. Seite 109

AUS DEM BESITZ DER KAISERIN ELISABETH

Im großen Mittelsaal des Parterres sind von der Kaiserin verwendete Gegenstände ausgestellt, die aus den Sammlungen der Stadt Wien und des Bundes, aber auch aus Privatbesitz stammen. Zu den Exponaten gehören ein Hofkleid aus Seidenmoiré, Schuhe und textile Accessoires.

Hermesvilla: Mittelsaal im Erdgeschoß (früher: Speisesaal)

Hofkleid, um 1885
Wien, Kunsthistorisches Museum, Monturdepot

6 ... SCHNELLFÜSSIG ... STARK UND TROTZIG

Elisabeths Traumwelt wurde von Achilles beherrscht, dem Prototyp eines Helden in der antik-griechischen Mythologie. Die Vorstellung, ihm an Kraft, Mut und Ausdauer zu gleichen, motivierte die Kaiserin zu sportlichen Höchstleistungen. Mit unbeugsamer Härte zu sich selbst erzog sie sich zur Athletin und furchtlosen Reiterin verwegener Parforce-Jagden. Damit personifizierte sie den von Heinrich Heine beschriebenen negativen Aspekt der Feenkönigin, aber auch die unerbittlich-grausame Variante der Diana-Artemis als „Wilde Jägerin". Ebenso sah sie sich als Geliebte des Achilles, als schöne Sklavin Briseis oder als Penthesilea, die von ihm im Kampf bezwungene Königin der Amazonen.

Ich liebe ihn auch, weil er so schnellfüßig war. Er war stark und trotzig und hat alle Könige und Traditionen verachtet [...]. Er hat nur seinen eigenen Willen heilig gehalten und nur seinen Träumen gelebt, und seine Trauer war ihm wertvoller als das ganze Leben.

Elisabeth über Achilles zu ihrem Griechischlehrer Christomanos.
Tagebuch des Constantin Christomanos, 1892

In dem Wald im Mondenscheine / Sah ich jüngst die Elfen reuten [...]. Lächelnd nickte mir die Kön'gin, [...] / Galt das meiner neuen Liebe, Oder soll es Tod bedeuten?

Heinrich Heine, Elementargeister, 1834

O stoss' ins Herz mir deinen Speer, / Lös' mich aus einer Welt, / Die ohne dich so öd, so leer [...]

Achilleus, 1885

Einzig die Hoffnung auf dich hält mich am Leben bis jetzt [...] Ehre bringt es dir nicht, triebst du ein Weib in den Tod! / Warum willst du es tun ? Durchbohre doch selbst mit dem Schwert mich [...]

P. Ovidius Naso, Heroides: Briseis an Achilles, *142–145*

6.2 *Achilles schleift Hektors Leiche um die Mauern Trojas*
Franz Matsch, 1891/92

6.3 *Achilles tötet Penthesilea*
5. Jh. v. Chr.

6.4 *Achilles und Penthesilea*
Artur Kaan, 1895

6.14 *Pallas Athene*
Gustav Klimt, 1898

6.8 **Epona**
nach einem römischen Original, 2. Jh. n. Chr.

6.9 *Reitende Amazone*
Franz von Stuck, 1897

6.10 *Atalante*
Aubrey Beardsley, 1895

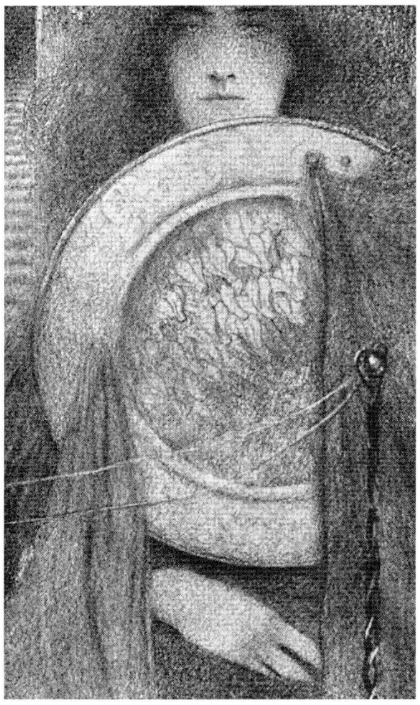

6.13 *Der Argwohn*
Fernand Khnopff, 1898

6.19 *Elisabeth als Reiterin in Possenhofen*
Otto von Thoren, 1853

6.18 *Die Dame auf dem Pferd*
Alfred Kubin, 1903

6.20.4 *Kaiserin Elisabeth auf einer Fuchsjagd*

6.6 Helmschnecke mit Darstellung des „Sterbenden Achilles“
Luigi Casalta, um 1890

6.5 Sterbender Achilles
Ernst Herter, 1884

6.1–3 Alexander Rothaug, *Illustrationen zu Homers „Ilias"*
1: Pallas Athene stärkt Achilles mit Nektar
2: Leichenfeier für Patroklos
3: Hektors Leichnam wird geschleift
Lavierte Bleistiftzeichnungen, 18,2 x 27,1, 1885
Wien, HM, I.N. 114.676/19; I.N. 114.676/23; I.N. 114.676/24

6.2 Franz Matsch, *Achilles schleift Hektors Leiche um die Mauern Trojas*
Fotografie des Originals (Öl auf Leinwand, 400 x 800, 1891/92)
Korfu, Schloß Achilleion, Stiegenhaus
Abb. Seite 120

Elisabeth hatte sich 1888 zum Bau eines Schlosses auf Korfu entschlossen. Die Bauarbeiten dauerten bis 1891, das für das Stiegenhaus vorgesehene Monumentalgemälde war spätestens Anfang 1892 vollendet.

6.3 *Achilles tötet Penthesilea*
Fotografie des Originals (attische Schale, 5. Jh. v. Chr., Detail)
München, Staatliche Antikensammlungen und Glyptothek
Foto: Koppermann
Abb. Seite 120

6.4 Artur Kaan, *Achilles und Penthesilea*
Bronze, H: 101, 1895
Wien, HM, I.N. 68.825
Abb. Seite 120

6.5 Ernst Herter, *Sterbender Achilles*
Fotografie einer verkleinerten Replik der Gipsformerei Berlin (Original Marmor, 1884)
Aus: Peter Bloch, Waldemar Grzimek: Das klassische Berlin. Die Berliner Bildhauerschule im neunzehnten Jahrhundert, Frankfurt/Main-Berlin-Wien 1978
Abb. Seite 124

Die heute noch im Schloßpark des Achilleion befindliche Marmorskulptur wurde 1890 aus der Hermesvilla nach Korfu übersiedelt.

6.6 *Helmschnecke mit Darstellung des „Sterbenden Achilles" vor Schloß Achilleion*
Luigi Casalta, H: 23,5, um 1890
Wien, HM, Bestand Hermesvilla (I.N. A 258)
Abb. Seite 124

Elisabeth besaß zahlreiche Helmschnecken mit geschnittenem Dekor, die sie bei Casalta in Neapel erworben hatte. Die Sammlung war ursprünglich im Achilleion untergebracht.

6.7 *Ajax trägt den toten Achilles vom Schlachtfeld*
Fotografie des Originals (François-Vase, 570 v. Chr., Detail)
Florenz, Archäologisches Museum

6.8 **Epona, keltisch-römische Pferdegöttin**
Kopie des Originals (2. Jh. n. Chr.), Kalksteinimitat, H: 42
Trier, Rheinisches Landesmuseum
Abb. Seite 122

6.9 Franz von Stuck, ***Reitende Amazone***
Bronze, H: 64, 1897
Darmstadt, Hessisches Landesmuseum, I.N. Pl. 10:6
Abb. Seite 122

6.10 Aubrey Beardsley, ***Atalante*, Rivalin des *Meleagros* bei der *Jagd* auf den Kalydonischen Eber**
Fotografie einer Illustration zu „The Yellow Book“, 1895
London, © The British Museum
Abb. Seite 122

Das Mädchen von Tegea legte den flinken Pfeil auf die Sehne, spannte den Bogen und schoß: Das Rohr blieb unter dem Ohr des Tieres hängen, streifte den Körper ganz oben und rötete mit einigen Blutstropfen die Borsten [...] Rasend vor Wut, blind gegenüber dem Schicksal sprach da der Arkader mit der Doppelaxt: „Lernet, ihr Männer, um wieviel männliche Waffen besser sind als weibliche und laßt mich machen!“ *P. Ovidius Naso, Metamorphoseon, VIII, 380–383, 391–393*

6.11 Arthur Rackham, **Die *Walküre* Brünhilde**
Fotografie des Originals (1910)
Foto: Mary Evans Picture Library

6.12 Odilon Redon, **Brünhilde in der Schlußszene von Richard Wagners „Götterdämmerung“**
Fotografie einer Lithographie für „Revue wagnérienne“, 1885
Foto: Martine Pont

6.13 Fernand Khnopff, **Der *Argwohn***
Fotografie einer Illustration zu „Ver Sacrum“, Dezember 1898
Wien, HM, I.N 115.124/234
Abb. Seite 122

6.14 Gustav Klimt, ***Pallas Athene***
Öl auf Leinwand, 75 x 75, 1898
Wien, HM, I.N. 100.686
Abb. Seite 121

Die griechische Göttin hatte mehrere Funktionen. Von den Athenern als jungfräuliche Beschützerin der Stadt verehrt, war sie ebenso „Vorkämpferin“ im Kriege und zu Kampfeseifer und Siegeswillen anspornende Göttin der Schlachten.

6.15 Moritz von Schwind, **Diana mit ihren Gefährtinnen**
Bleistiftzeichnung auf Karton, 176 x 104
Wien, Österreichische Galerie Belvedere, I.N. 3.544

6.16 Karl Josef Geiger, **Die *Wilde* Jagd**
Fotografie des Originals (Aquarell, 1893)
Wien, Graphische Sammlung Albertina

6.17 Karl Reichert, ***„Juno", ein Hund der Kaiserin Elisabeth***
Öl auf Leinwand in originalem Passepartout, 29,5 x 38,8, Bildausschnitt Dm.: 15, 1873
Wien, HM, I.N. 77.628/4

6.18 Alfred Kubin, ***Die Dame auf dem Pferd***
Fotografie des Originals (Feder, Tusche, laviert und gespritzt, 1903)
München, Lenbachhaus
© VBK, Wien, 1998
Abb. Seite 123

6.19 Otto von Thoren, ***Elisabeth als Reiterin in Possenhofen***
Öl auf Leinwand, 65 x 47, 1853
Linz, Oberösterreichisches Landesmuseum, I.N. G 1.896
Abb. Seite 123

6.20.1–5 ***Kaiserin Elisabeth auf einer Fuchsjagd***
Lavierte Bleistiftzeichnungen
1: 14,2 x 30, 2: 17,3 x 32
3: 13,8 x 29 (1–3 mit Untersatzkarton: 64 x 45,3)
4: 17,3 x 24,5
5: 18,7 x 32,2 (4–5 mit Untersatzkarton: 64 x 45,3)
Wien, HM, I.N. 77.626/44–48
Abb. (6.20.4) Seite 123

6.21 ***Sattel der Kaiserin Elisabeth***
Maroquin- und Sämischleder, hergestellt von Casimir Foltz, H: 65, um 1855
Wien, Kunsthistorisches Museum, Wagenburg, I.N. G 298

6.22.1–2 ***Zwei Jagdreitpläne aus dem Besitz der Kaiserin***
1: „Duke of Crafton's Hunt" (Northamptonshire)
22,5 x 18 (Einband: 5 x 5), 1878
2: „Kildare Hunting District" (Irland)
53,4 x 40 (Einband: 14,5 x 11)
Privatbesitz

6.23 ***Reitersporn aus dem Besitz der Kaiserin***
Silber, Lederband, H: 8,5, 1861
Wien, HM, I.N. 186.301

DAS DIKTAT DER WAAGE

Elisabeth achtete streng auf ihr Gewicht. Sie war 175 cm groß und wog zumeist zwischen 48 und 50 Kilogramm. Ihr Taillenumfang von 50 bis 52 cm war berühmt. Bei der geringsten Gewichtszunahme begann die Kaiserin exzessive Hungerkuren und nahm zeitweise außer sechs Orangen am Tag nichts zu sich. Ihre Maße wurden gemeinsam mit dem Gewicht täglich bis zu dreimal festgestellt und in einem eigenen Buch notiert. Elisabeth informierte sich ihr Leben lang über sämtliche Methoden des Abnehmens und probierte Hunderte von Diäten, darunter Milch- und Sandkuren.

Durch das freiwillige Fasten konnte sie ihrer Idealvorstellung von einer schlanken Athletin optimal entsprechen, aber die Schlankheitskuren dienten auch dem Wunsch, bis an die Grenzen gehen zu können. Vielleicht sogar noch einen Schritt darüber hinaus.

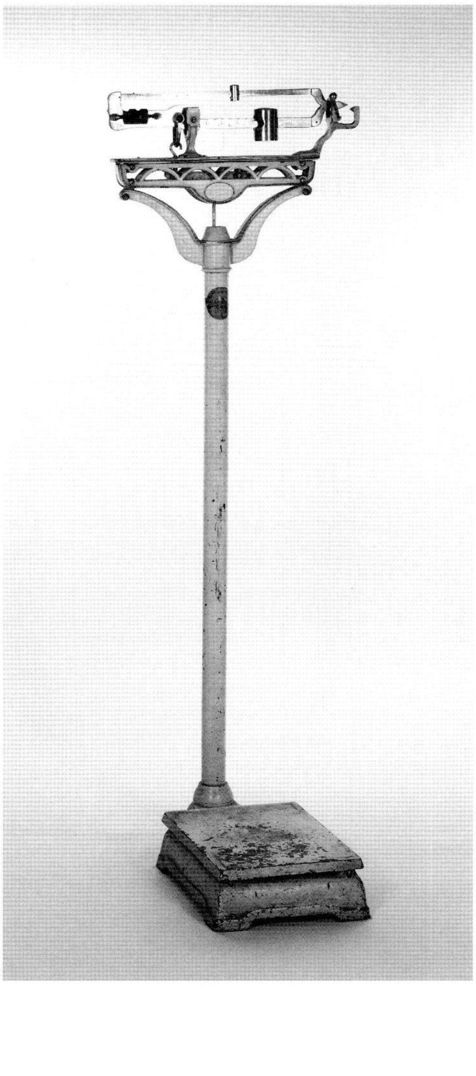

Waage der Kaiserin Elisabeth, Ende 19. Jh.
MMD – Museen des Mobiliendepots – Wien

Hermesvilla: Elisabeths Turnzimmer

7 DER MEISTER HAT SIE MIR DICTIRT

Mit Heinrich Heine war Elisabeth in mehrfacher Hinsicht verbunden. Wegen der auch für sie charakteristischen schnellen Abfolge unterschiedlicher Stimmungen fühlte sie sich dem Meister, wie sie ihn nannte, seelenverwandt und imitierte in eigener Lyrik den für ihn typischen Stil des abrupten Wechsels von Schmerz, Ironie und Sachlichkeit. Nach dem Scheitern des von ihr initiierten Planes eines Heine-Denkmals in Düsseldorf ließ die Kaiserin im Park ihres Schlosses Achilleion auf Korfu ein „privates“ Heine-Monument errichten.

Liebe Zukunfts-Seele!
Dir übergebe ich diese Schriften. Der Meister hat sie mir dictirt,
und auch er hat ihren Zweck bestimmt, nämlich vom Jahre 1890 an
in 60 Jahren sollen sie veröffentlicht werden zum besten politisch Verurteilter
u. deren hülfebedürftigen Angehörigen [...]

Elisabeths Begleitbrief zum literarischen Nachlaß, *1890*

Ich eil' ins Reich der Träume,
Mein Meister, da bist Du,
Es jubelt meine Seele
Begeistert schon Dir zu.

An meinen Meister, 1887

Wird mir die Welt zu bitter,
Die Menschen zu fatal,
So schwing' ich mich aufs Flügelross [...]
Ich flieh' die bösen Zwitter
Und die Canaillen all'.

Klingel-Lied, 1887

7.1 *Träumende („Der Polster“)*
Max Kurzweil, 1902

7.2 *Fee Ilona begegnet Prinz Argyrus*
Mór Than, 1863

7.4 Heine-Porträt aus Elisabeths Besitz

7.8 Heine-Tempel im Schloßpark des Achilleion
Angelos Giallinà, 1893

7.9 Heinrich Heine
(Reduktion der Grabbüste des Dichters)
Louis Hasselriis (Werkstatt)

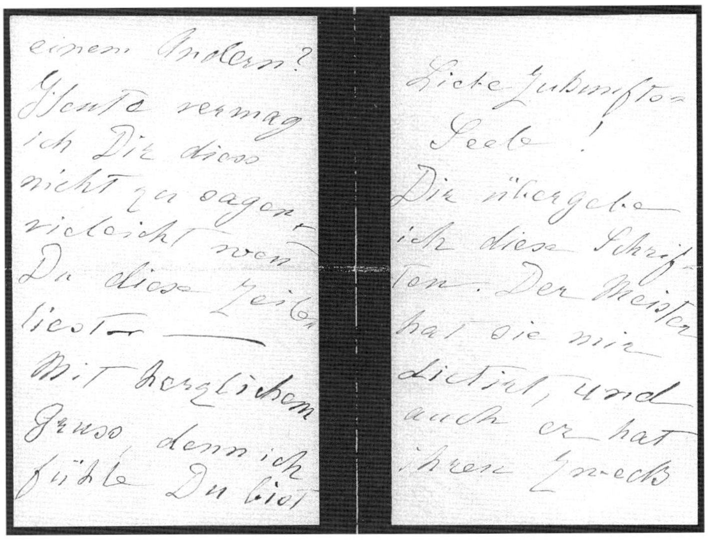

einem Andern?
Heute vermag ich Dir dies nicht zu sagen, vielleicht wenn Du diese Zeilen liest —
Mit herzlichem Gruss denn ich fühle Du bist

Liebe Zukunfts-Seele!
Dir übergebe ich diese Schriften. Der Meister hat sie mir dictirt, und auch er hat ihren Zweck

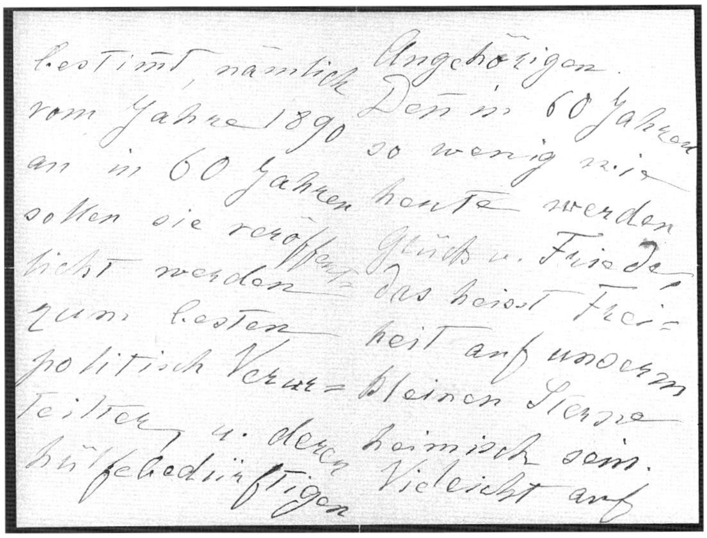

bestimmt, nämlich vom Jahre 1890 an in 60 Jahren sollen sie veröffentlicht werden zum besten politisch Verurteilten u. deren hülfebedürftigen

Angehörigen. Denn in 60 Jahren so wenig wie heute werden Glück u. Friede das heisst Freiheit auf unserm kleinen Sterne heimisch sein. Vielleicht auf

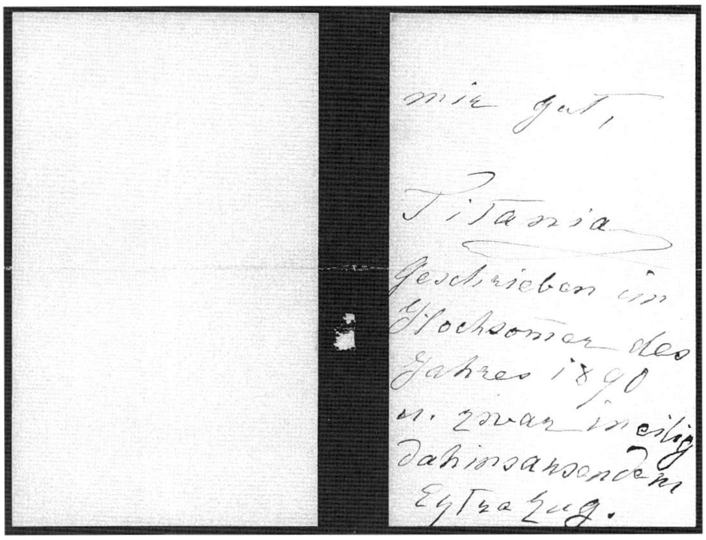

mir gut,
Titania
Geschrieben im Hochsommer des Jahres 1890 u. zwar im eilig dahinsausenden Extrazug.

7.10 **„Liebe Zukunfts-Seele!"**
Brief der Kaiserin an die Nachwelt, 1890

7.1 Max Kurzweil, ***Träumende („Der Polster")***
Fotografie einer Illustration zu „Ver Sacrum", Mai 1902
Wien, HM, I.N. 115.124/82
Abb. Seite 132

7.2 Mór Than, ***Fee Ilona begegnet Prinz Argyrus***
Bleistift auf Papier, 38,7 x 76, 1863
Budapest, Ungarische Nationalgalerie, I.N. 1900–303
Abb. Seite 132

Die Illustration zum ungarischen Ilona-Märchen variiert einige der für Feengeschichten typischen Elemente; das Feenland ist als eine Art Avalon (Insel der Seligen) dargestellt, zu Ilonas Gefährtinnen gehören Nixen und tanzende Elfen.

7.3.1–2 ***Heine-Bände der Kaiserin Elisabeth***
1: Band 15 –18 aus „Sämmtliche Werke", hg. von Adolf Strodtmann, 18 Bände,
Hamburg: Hoffmann & Campe, 1867
2: Band 15, 16 und 18 der Strodtmann-Ausgabe von 1876, 22 Bände,
Hamburg: Hoffmann & Campe
Düsseldorf, Heinrich-Heine-Institut

Die später im Besitz der englischen Heine-Sammlerin Sarah Dodgshon befindliche Ausgabe in zweiundzwanzig Bänden enthält Lesevermerke der Kaiserin: In Band 15 („Buch der Lieder") sind Ort und Datum der Lektüre mit Kreuth, August 1887 angegeben, in Band 16 („Neue Gedichte") mit Ischl, August 1887, in Band 18 („Romanzero" u.a.) ebenfalls mit Ischl, 25. September 1887.

7.4 ***Heine-Porträt aus Elisabeths Besitz***
Lithographie von Friedrich Adolph Hornemann nach einer Zeichnung von Ernst Benedikt Kietz, 1851
Schwarzer Samtrahmen, auf Reisemappe montiert, 45 x 30 (Mappe: 48 x 39)
Düsseldorf, Heinrich-Heine-Institut
Foto: Walter Klein
Abb. Seite 133

7.5 ***Schreibgarnitur aus dem Hofwartesaal in Bad Ischl***
Schreibkassette mit den Initialen des Kaiserpaares, 41,5 x 26,5,
mit Tintenfaß, H: 8,4; Feder, L: 23; Streusandbehälter, H: 10; Visitkartenetui, 10,5 x 6,2; zwei Siegellackstangen, L: 11,9
Linz, Österreichische Bundesbahnen (OÖLM, I.N.T 1979/2, 6–6)

7.6 ***Kaiserin Elisabeth***
„Nordsee Lieder", 1885–1886/87, 3 Bändchen
Buchdruck, anonym erschienen, 17,5 x 12, 1887 (1888?)
Bern, Schweizerisches Bundesarchiv, I.N. BAR J. I. 64, Bd. 3

Die Gedichte sind in Inhalt und Form Heines Zyklus „Die Nordsee" nachgebildet.

7.7 ***Kaiserin Elisabeth***
„Winterlieder", 1887, 7 Bändchen
Buchdruck, anonym erschienen, 18,5 x 13,5, 1888 (?)
Bern, Schweizerisches Bundesarchiv, I.N. BAR J. I. 64, Bd. 2

7.8 Angelos Giallinà, ***Heine-Tempel im Schloßpark des Achilleion***
Aquarell, 34 x 17 (Originalpassepartout 66 x 49), 1893
Wien, HM, I.N. 77.629/4
Abb. Seite 133

Die ganzfigurige Heine-Skulptur, ein in Rom ausgeführtes Werk des dänischen Bildhauers Louis Hasselriis, war seit 1891 im Park des griechischen Schlosses aufgestellt. Sie wurde 1908 entfernt, nachdem der deutsche Kaiser Wilhelm II. im Jahr davor das Achilleion angekauft hatte. Heute befindet sich die Plastik im Botanischen Garten von Mourillon/Toulon in Frankreich.

7.9 Louis Hasselriis (Werkstatt), ***Heinrich Heine (Reduktion der Grabbüste des Dichters)***
Bronze, H: 63
Düsseldorf, Heinrich-Heine-Institut
Foto: Walter Klein
Abb. Seite 133

Die von Hasselriis 1901 fertiggestellte Büste für das Heine-Grab auf dem Friedhof Montmartre in Paris entspricht in der Auffassung dem für Kaiserin Elisabeth ausgeführten Monument.

7.10 ***„Liebe Zukunfts-Seele!"***
Brief der Kaiserin an die Nachwelt, 1890
Zwei Briefbögen, Handschrift auf Papier, 20,4 x 12,7
Bern, Schweizerisches Bundesarchiv, I.N. BAR J. I. 64, Bd. 1
Abb. Seite 134

UND JEDER MAI HAT UNS VEREINT

Im Feenland des „Sommernachtstraums“ sind die Blüten des Frühlings unvergänglich. Elisabeth kam besonders gerne im Mai, vor Beginn des alljährlichen Sommer-Aufenthalts in Bad Ischl, in die Hermesvilla. In den Titania-Gedichten schwärmte sie von der Schönheit des Lainzer Tiergartens im Frühling, die sie offensichtlich noch mehr beeindruckte als das von ihr „Feenschloß“ genannte Haus.

Es ruft mir aus den Laubdachästen
Der Kuckuck zu, mein alter Freund;
Wir treffen uns in Ost und Westen,
Und jeder Mai hat uns vereint.

Auch ich will hier so lange weilen,
Als jener Fruchtbaum Blüten trägt,
Und in die Ferne erst enteilen,
Wenn er sein Brautkleid abgelegt.

Ich bin so scheu ..., 1888

Im Schlafzimmer der Kaiserin ist eines ihrer Nachthemden zu sehen. Der Schnitt ist einfach, das Material cremefarbener Baumwollbatist. Ein rotes Mongramm zeigt das typische „E“ (für Elisabeth) unter der Kaiserkrone. Das erstmals ausgestellte Kleidungsstück befindet sich in Privatbesitz.

8 LIEBESBLEICH UND SILBERKÜHL

Titania ist eine Königin der Nacht. Auch deshalb besteht zwischen ihr und der Mond- und Todesgöttin Diana-Artemis ein Zusammenhang. Zu Nacht, Mond und Wasser, den von Elisabeth häufig zitierten Metaphern für die weibliche Sphäre, gehören außerdem verführerische Nixen und gefährliche Sirenen: In ihrer Haare „Wellengold“ gehüllt, hat die Kaiserin auch jenseits ihrer Gedichte, in der „Gegenwelt“ der Realität, versucht, ein entsprechendes Selbstbild zu vermitteln.

Durch die off'ne Erkerthüre
Gleitet silberbleich herein
Eines klaren jungen Mondes
Mystischlichter Widerschein.

Und er gleitet nah und näher
Bis hinab zum weißen Pfühl,
Bis er auf Titania ruhet
Liebesbleich und silberkühl.

Titania und der junge Mond, 1888

An meinen Haaren möcht' ich sterben [...]
O ginge doch mein Dasein über,
In lockig seidnes Wellengold [...]

Wunsch, 1887

Die dunkle Lockenfülle,
Wie eine selige Nacht
Von dem flechtengekrönten Haupt sich ergießend [...]

Heinrich Heine, Der Schiffbrüchige. Die Nordsee, II, 1825/26

8.1.3 *Fächer aus dem Besitz der Kaiserin*

8.3 *Diana und Endymion*
Károly Markó d. Ä., 1853

8.12 *Sommernacht*
Wilhelm Bernatzik, 1899

8.5 *Stella Vespertina*
Georges Rouault, 1895

8.9 *Astarte Syriaca*
Dante Gabriel Rossetti, 1877

8.4 *Allegorie der Nacht*
Jan van der Hoecke, um 1650

8.8 *Statuette der Göttin Ishtar,* 4. Jh. v. Chr.

8.18 *Der Sumpf*
Alfred Kubin, 1903/05

8.28 *Die etwa 27-jährige Kaiserin*

8.30.2 *Kaiserin Elisabeth*
Foto Atelier Angerer, um 1864

8.25 *Posthumes Bildnis der Kaiserin*

8.38 *Elisabeth von Österreich*
Fernand Khnopff, 1899

8.6 „Königin der Nacht“ (Dekoration zu Mozarts „Zauberflöte“)
Karl Friedrich Thiele nach Karl Friedrich Schinkel, 1815

8.15 Nixen an der Waldquelle
Moritz von Schwind, um 1846

8.11 *Kaiserin Elisabeth mit einem Bernhardiner*
Anton Romako, 1882/84

8.19 *Die Lady von Shalott*
John William Waterhouse, 1888

8.20 *Ophelia*
John Everett Millais, 1851/52

8.21 Nixen (Silberfische)
Gustav Klimt, um 1899

8.23 *Elisabeth mit offenem Haar*
Franz Xaver Winterhalter, 1864

8.22 *Kaiserin Elisabeth im Smaragdschmuck*
Georg Raab, 1874

8.27 **Porträt der Kaiserin, 1863**

Emile Desmaisons nach Franz Russ d. Ä., 1870

8.24 *Erscheinung im Walde*
Moritz von Schwind, um 1858

8.34 *Das Blut der Medusa*
Fernand Khnopff, um 1895

8.35 *Erinnyen*
Heinrich Lefler – Joseph Urban, 1905

8.37 *Die Sünde*
Franz von Stuck, 1893

8.39 *Ödipus und die Sphinx*
Gustave Moreau, 1864

8.36 *Gorgonen*
Gustav Klimt, 1901

8.1.1–3 **Fächer aus dem Besitz der Kaiserin**
1: Perlmutt, bemaltes Leinen, L: 36, um 1870
2: Perlmutt, Organdi, L: 33, um 1880
3: Holz, Seidenfransen, L: 40
Privatbesitz
Abb. (8.1.3) Seite 140

8.2 Franz Xaver Winterhalter, **Elisabeth mit Diamantsternen im Haar**
Öl auf Leinwand, 253,5 x 158, 1865 (Zweitfassung)
Wien, Kunsthistorisches Museum, Gemäldegalerie, I.N. 7.212
Abb. Seite 29

Halb abgewendet und über die Schulter zurückblickend, dreht Elisabeth ihr Gesicht dem Betrachter zu [...] Im kunstvoll geflochtenen Haar stecken ihre berühmten Diamantsterne; eine Perlenkette und ein großer Fächer bilden die einzigen weiteren Accessoires [...] Nur für einen kurzen Moment taucht die Ballkaiserin als romantische Vision im hellen Licht auf [...] Ein Schatten – oder ist es die Nacht selber – verdunkelt den oberen Teil der dekorativen Säulen am rechten Bildrand. Ein anderer fällt auf die weißen Stoffbahnen des Kleides, und auch vom linken unteren Bildrand her droht Dunkelheit.

Gabriela Christen, Die Bildnisse der Kaiserin Elisabeth, 1992

8.3 Károly Markó d. Ä., **Diana und Endymion**
Öl auf Leinwand, 58 x 92, 1853
Budapest, Ungarische Nationalgalerie, I.N. 3.086
Abb. Seite 140

Endymion, von Zeus in ewigen Schlaf versenkt, war gleichzeitig Symbol der Unsterblichkeit und unvergänglichen Jugend. Allnächtlich stieg die griechische Mondgöttin Selene – von den Malern dieser Szene zumeist als Diana bezeichnet – vom Himmel, um den schönen Jüngling zu küssen.

8.4 Jan van der Hoecke, **Allegorie der Nacht**
Fotografie des Originals (Öl auf Leinwand, um 1650)
Wien, Kunsthistorisches Museum, Sekundärgalerie
Abb. Seite 142

8.5 Georges Rouault, **Stella Vespertina**
Fotografie des Originals (Öl auf Leinwand, 1895)
Avallon, Musée d'Avallon
© VBK, Wien, 1998
Abb. Seite 141

8.6 **„Königin der Nacht"**
Dekoration zu W. A. Mozart: „Die Zauberflöte", Akt I, Szene 6
Kolorierte Aquatinta von Karl Friedrich Thiele nach Karl Friedrich Schinkel, 32,8 x 46,5, 1815
Wien, Österreichisches Theatermuseum, I.N. GSÜ 4114/2
Abb. Seite 144

8.7.1–2 ***Figurinen zur „Zauberflöte"***
1: Königin der Nacht
2: Dame der Königin
Aquarelle nach Heinrich Lefler, 42,5 x 32
Wien, Österreichisches Theatermuseum, I.N. Th K 1/2 480 und 481

8.8 ***Statuette der Göttin Ishtar***
Fotografie des Originals (Alabaster, Rubineinlagen, 4. Jh. v. Chr.)
Paris, Musée du Louvre
Foto: RMN – P. Bernard
Abb. Seite 142

Ishtar/Inanna, die bedeutendste Göttin Mesopotamiens, wurde in hellenistischer Zeit mit der griechischen Artemis verschmolzen und auch unter dem Namen Astarte verehrt. Das Mondsymbol veranschaulicht diese Interpretation. In Ägypten war Ishtar als Kriegsgöttin bekannt und wurde oft als nackte Reiterin dargestellt. Trotz zahlreicher Liebhaber galt sie als jungfräuliche Gottheit. Schließlich spielte auch der astrale Aspekt in Gestalt des Venussterns im Ishtar-Kult eine bedeutende Rolle. Der als Morgen- und Abendstern sichtbare Planet wurde durch eine achtstrahlige Rosette symbolisiert, die eine assoziative Verbindung zu den berühmten Diamantsternen in Elisabeths Haar herzustellen vermag.

8.9 Dante Gabriel Rossetti, ***Astarte Syriaca***
Fotografie des Originals (Öl auf Leinwand, 1877)
Manchester, City Art Galleries
Abb. Seite 141

Als „Astarte von Syrien" war Ishtar Göttin der Heilkunst. Rossettis „Große Göttin" ist in der Art byzantinischer Ikonen streng frontal dargestellt, mit ihrem langen, dunklen Haar und dem grünen Gewand erinnert sie aber auch an Nyhue, die „Dame vom See", in Faery, dem „Anderen Land" der Artus-Sage.

8.10 Fernand Khnopff, ***Die silberne Tiara***
Fotografie des Originals (Pastell, um 1900)
Foto: Dulière

8.11 Anton Romako, ***Kaiserin Elisabeth mit einem Bernhardiner***
Öl auf Leinwand, 135 x 85, 1882/84
Wien, Österreichische Galerie Belvedere, I.N. 4.419
Abb. Seite 145

8.12 ***Sommernacht***
Farblithographie von Wilhelm Bernatzik, 48,5 x 55,1
Kunstbeilage zu „Ver Sacrum", 1899
Wien, HM, I.N. 100.959/2
Abb. Seite 141

8.13 ***Ein Lied***
Farblithographie von Maximilian Lenz, 49,9 x 39,9, 1907
Wien, HM, 186.262

8.14 Fernand Khnopff, ***Mélisande***
Fotografie des Originals (Kohlezeichnung mit Farbkreide, um 1902)
Foto: Dulière

Die geheimnisvolle „Kindfrau“ Mélisande, eine Variante zur Meerfee Melusine, wurde durch Maeterlincks Drama „Pelléas und Mélisande“ und Debussys gleichnamige Oper zum Modellfall für die morbide Ästhetik der Zeit; als ätherisches Wesen von androgyner Schönheit ist Mélisande „femme fragile“, wegen ihrer überlangen Haare aber gleichzeitig „femme fatale“.

8.15 Moritz von Schwind, ***Nixen an der Waldquelle***
Fotografie des Originals (Öl auf Leinwand, um 1846)
München, Bayerische Staatsgemäldesammlungen, Schackgalerie
Foto: Artothek
Abb. Seite 144

8.16 ***Elfentanz***
Druck nach Moritz von Schwind, 36,5 x 26,8 (Original nach 1844)
Wien, HM, I.N. 79.854/2

8.17 Alexander Rothaug, ***Reigen***
Öl (Grisaille) auf Leinwand, 65,5 x 44, um 1895
Wien, HM, I.N. 25.121

Die Nixen haben die größte Ähnlichkeit mit den Elfen. Sie sind Beide verlockend, anreizend und lieben den Tanz. Die Elfen tanzen auf Moorgründen, grünen Wiesen, freien Waldplätzen und am liebsten unter alten Eichen. Die Nixen tanzen bei Teichen und Flüssen; man sah sie auch wohl auf dem Wasser tanzen, den Vorabend wenn Jemand dort ertrank. *Heinrich Heine, Elementargeister, 1834*

8.18 Alfred Kubin, ***Der Sumpf***
Fotografie des Originals (Feder, Tusche, laviert und gespritzt, 1903/05)
Neue Galerie der Stadt Linz
Foto: Burgi Eder

Abb. Seite 142

8.19 John William Waterhouse, ***Die Lady von Shalott***
Fotografie des Originals (Öl auf Leinwand, 1888)
London, Tate Gallery
Abb. Seite 146

Die gleichnamige englische Ballade variiert ein Motiv der Artus-Sage, Elaines enttäuschte Liebe zu Lancelot: "The lily maid of Astolat" sucht ebenso wie Ophelia den Tod in den Fluten, im Boot treibend stirbt sie, während sie singt.

Und als der Tag zur Neige ging,
Löste sie die Kette und legte sich nieder;
Weit trug sie der breite Strom davon
Die Lady von Shalott.

Sie lag, gekleidet in schneeiges Weiß,
Das sanft sie nach beiden Seiten umfloß –
Sacht fielen die Blätter auf sie hernieder –
Durch die Geräusche der Nacht
Trieb sie hinunter nach Camelot.

Und als des Bootes Bug vorbei sich wand
An weidenumsäumten Hügeln und Feldern,
Hörte man, wie sie ihr letztes Lied sang,
Die Lady von Shalott.

Alfred Lord Tennyson, Die Lady von Shalott, Teil IV, *1833*

8.20 John Everett Millais, **Ophelia**
Fotografie des Originals (Öl auf Leinwand, 1851/52)
London, Tate Gallery
Abb. Seite 146

8.21 Gustav Klimt, **Nixen (Silberfische)**
Öl auf Leinwand, 82 x 52, um 1899
Wien, Sammlung Bank Austria AG., I.N. 17.251
Abb. Seite 147

Die Nixe [...] ist die Gestalt der ebenso verführerischen wie auch gefährlichen Triebe, die aus den Fluten ungekannter Tiefen aufsteigen – schön und wild zugleich. Tückisch und unberechenbar erscheinen diese Wesen, oft, wenn man es am wenigsten erwartet, so daß man bei ihrem Anblick erbebt und erschauert, wie die Freunde des Odysseus bei den Sirenen, wie die Fischer vor der Loreley [...]

Märchen, Seele und Sinnbild, 1974 (Bruno P. Schliephacke)

8.22 Georg Raab, **Kaiserin Elisabeth im Smaragdschmuck**
Öl auf Leinwand, 79 x 62,5, 1874
Wien, Österreichische Galerie Belvedere, I.N. 8.841
Abb. Seite 149

8.23 Franz Xaver Winterhalter, **Elisabeth mit offenem Haar**
Fotografie des Originals (Öl auf Leinwand, 1864)
Wien, Kunsthistorisches Museum, Gemäldegalerie
Abb. Seite 148

8.24 Moritz von Schwind, **Erscheinung im Walde**
Fotografie des Originals (Öl auf Leinwand, um 1858)
München, Bayerische Staatsgemäldesammlungen, Schack-Galerie
Foto: Artothek
Abb. Seite 151

Besitzest Du den kecken Mut,
Mich jemals zu erreichen?
Doch tödtet meine kalte Glut,
Ich tanze gern auf Leichen.

Kaiserin Elisabeth, Titania und Alfred, X, *1888*

8.25 ***Posthumes Bildnis der Kaiserin***
Fotografie des Originals (Aquarell, nach 1898)
Wien, Österreichische Nationalbibliothek, Bildarchiv und Porträtsammlung
Abb. Seite 143

8.26 Frida Kahlo, ***Selbstbildnis mit offenem Haar***
Fotografie des Originals (Öl auf Hartfaser, 1947)
Privatsammlung

8.27 ***Porträt der Kaiserin Elisabeth, 1863***
Kolorierte Lithographie von Emile Desmaisons nach Franz Russ d. Ä., 63,4 x 45, 1870
Wien, HM, I.N. 134.049
Abb. Seite 150

8.28 ***Die etwa 27-jährige Kaiserin***
Lithographie, 71,4 x 55, um 1865
Wien, HM, I.N. 91.079
Abb. Seite 143

8.29 ***Kaiserin Elisabeth***
Retuschierte Fotografie, 11,6 x 8,8 (Originalpassepartout 24,9 x 20), um 1898
Wien, HM, I.N. 188.565

Seit 1868/69 ließ sich Elisabeth nicht mehr fotografieren. Karl Pietzner überarbeitete eine um 1864 entstandene Aufnahme Ludwig Angerers, wobei die Dargestellte als jugendlich schöne Frau konserviert werden sollte.

8.30.1–2 ***Kaiserin Elisabeth***
Fotografien des Ateliers Angerer, um 1864
1: 10,2 x 6,1, 2: 10,6 x 6,3
Wien, HM, I.N.133.447/1; I.N. 133.647/5
Abb. (8.30.2) Seite 143

8.31 Edvard Munch, ***Madonna***
Fotografie des Originals (Farblithographie, 1902)
Privatbesitz

8.32 Fernand Khnopff, ***Die schlafende Medusa***
Fotografie des Originals (Pastell auf Papier, 1896)
Foto: The Bridgeman Art Library Collection, London

Medusa, die bekannteste der drei Gorgonen, ist als typische „femme fatale" ebenso schöne Jungfrau wie furchterregende, geflügelte Gestalt mit versteinerndem Blick, Schlangenhaaren und Schlangengürtel. Khnopff stellte sie als Mischwesen aus Mensch und Vogel dar, also in der Art einer Sirene, einem weiteren Urbild für die verführerische, gleichzeitig unheilbringende Komponente des weiblichen Prinzips.

8.33 Franz von Stuck, ***Medusa***
Fotografie des verschollenen Originals

8.34 Fernand Khnopff, **Das Blut der Medusa**
Lithographie, 21,5 x 14, um 1895
Bremen, Kunsthalle – Kupferstichkabinett, I.N. 21/44
Abb. Seite 151

8.35 **Erinnyen**
Abbildung zu „Die Kraniche des Ibykus"
Heinrich Lefler, Joseph Urban – Schiller-Illustrationen
Druck, 8,4 x 13,6, 1905
Wien, HM, I.N. 116.392
Abb. Seite 151

Ein schwarzer Mantel schlägt die Lenden [...]
In ihren Wangen fließt kein Blut;
Und wo die Haare lieblich flattern,
Um Menschenstirnen freundlich wehn,
Da sieht man Schlangen hier und Nattern
Die giftgeschwollnen Bäuche blähn [...]

Friedrich von Schiller, Die Kraniche des Ibykus, 1797

8.36 Gustav Klimt, **Gorgonen**
Kreide, 43,5 x 31, 1901
Wien, HM, I.N. 96.032
Abb. Seite 152

8.37 Franz von Stuck, **Die Sünde**
Fotografie des Originals (Öl auf Leinwand, 1893)
München, Neue Pinakothek
Foto: Artothek
Abb. Seite 152

8.38 Fernand Khnopff, **Elisabeth von Österreich**
Fotografie des Originals (Bleistift auf Papier, 1899)
Wien, Österreichische Nationalbibliothek, Bildarchiv und Porträtsammlung
Abb. Seite 143

Ähnlich wie seine jüngere Schwester Marguerite inspirierte auch Kaiserin Elisabeth den symbolistischen Künstler. Er schuf ein posthumes Porträt der Kaiserin, eingerahmt von zwei korinthischen Säulen, die als Symbole für den Eingang zur Unterwelt gesehen werden können. Die Sphingen unter den Säulen bewachen diesen Zufluchtsort. Eine weitere Sphinx, dargestellt in der Lünette über dem Porträt, steht ebenso für den sphinxähnlichen Charakter Elisabeths wie für ihr Streben nach Idealen.

8.39 Gustave Moreau, **Ödipus und die Sphinx**
Fotografie des Originals (Öl auf Leinwand, 1864)
New York, The Metropolitan Museum of Art
Foto: © 1997 The Metropolitan Museum of Art
Abb. Seite 152

9 DOCH DIE NIXE SCHÖPFT DAS NASS, ... SCHÖNHEIT, JUGEND MIR ZU SPENDEN

Alle Wasserfrauen besitzen den Vorteil unvergänglicher Jugend und Schönheit. Da beide Eigenschaften für Elisabeth das zentrale Thema ihrer Sehnsüchte bedeuteten, weigerte sie sich in den späteren Jahren, Malern Modell zu sitzen oder sich fotografieren zu lassen. Stattdessen sammelte sie Porträts der geliebten jüngsten Tochter Marie Valerie: „Duftig weiß wie eine Nixe“ sollte das Mädchen das Ideal ihrer Mutter übernehmen und deren Traum vom „Ewigen Frühling“ verkörpern.

Wenn in Vollmondsilberstrahlen
Cerna's Nixe tanzt und lacht [...]
Dann nah' ich des Flusses Rand [...]
Und nach Osten hingewandt,
Darf ich regungslos nur schauen.
Doch die Nixe schöpft das Nass,
Und aus ihren weissen Händen
Fliesst es ohne Unterlass,
Schönheit, Jugend mir zu spenden.

Simbota Marre, 1887

Duftig weiss wie eine Nixe,
schwebt mein Püppchen dort umher,
Macht dazwischen tiefe Knickse
in dem Tanze des Lanciers.

Hofball, 1887

9.2 **Badende,** um 1895

9.6 **Die drei Grazien,** 2. Hälfte 19. Jh.

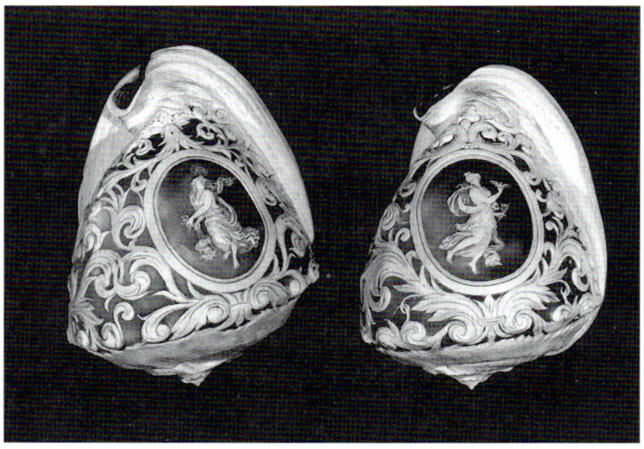

9.7 **Helmschnecken mit Darstellungen tanzender Grazien**
Luigi Casalta, um 1890

9.5 *Die Quelle*
Jean-Auguste-Dominique Ingres, 1856

9.11.1 *Kaiserin Elisabeth*
Foto Hermann Holz, 1860

9.11.2 *Bildnis der Kaiserin*
um 1863/64

9.11.3 *Elisabeth im Jahr 1864*
Foto Ludwig Angerer

9.10 *Elisabeth als Kind*
Anton Dominik Fernkorn, 1845

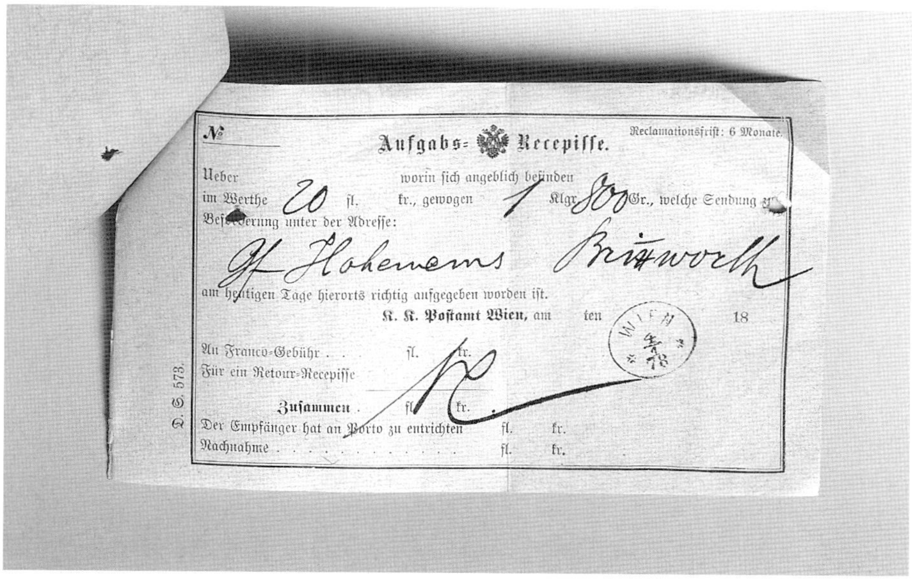

№ Aufgabs- Recepisse. Reclamationsfrist: 6 Monate.

Ueber worin sich angeblich befinden
im Werthe 20 fl. kr., gewogen 1 Klgr 800 Gr., welche Sendung zur
Beförderung unter der Adresse:

Gf Hohenems Brixworth

am heutigen Tage hierorts richtig aufgegeben worden ist.

K. K. Postamt Wien, am ten 18

An Franco-Gebühr . . . fl. kr.
Für ein Retour-Recepisse
Zusammen . fl. kr.
Der Empfänger hat an Porto zu entrichten fl. kr.
Nachnahme . . . . fl. kr.

D. S. 573.

9.16 *Aufgabeschein für eine Lieferung an die Kaiserin (Gräfin Hohenems)*

9.15.1 *Marie Valerie, 8 Jahre alt*
Foto Atelier K. Koller, 1876

9.15.2 *Marie Valerie,* um 1876

9.12 *Elisabeths Schwester Marie, Königin von Neapel und Sizilien*
Filippo Palizzi, 1860

9.1 Jean Thierry, ***Diana-Brunnen***
Fotomontage nach dem Original in San Ildefonso
La Granja, Schloßpark (nach 1721)

9.2 ***Badende***
Porzellanmalerei aus dem Besitz der Kaiserin, 71 x 36, um 1895
Wien, HM, Bestand Hermesvilla (Ah. P.F. 5.435)
Abb. Seite 160

9.3 ***Schöner Brunnen***
Fotografien von Thomas Reinagl, 1997
Wien, Schönbrunn, Schloßpark

Das wegen seiner Güte berühmte Schönbrunner Wasser wurde von den Mitgliedern der kaiserlichen Familie auf Reisen mitgenommen. Seine Frische und Reinheit symbolisiert die von Wilhelm Beyer hergestellte Marmorskulptur der Quellnymphe Egeria, welche sich seit 1780 im Brunnenhaus befindet.

9.4 Pierre Puvis de Chavannes, ***Junge Mädchen am Meeresufer***
Fotografie des Originals (Öl auf Leinwand, 1879)
Paris, Musée d'Orsay

9.5 Jean-Auguste-Dominique Ingres, ***Die Quelle***
Fotografie des Originals (Öl auf Leinwand, 1856)
Paris, Musée d'Orsay
Abb. Seite 161

9.6 ***Die drei Grazien***
Porzellan, Manufaktur Meißen, H: 42 (Sockel 23 x 19,5), 2. Hälfte 19. Jh.
Wien, HM, Bestand Hermesvilla (I.N.1.472)
Abb. Seite 160

Die Grazien oder „Charitinnen", drei Töchter des Zeus, versinnbildlichen Jugend, Schönheit und Frohsinn. Ebenso wie Elfen sind sie zumeist tanzend oder bei der Aufstellung zum Reigen dargestellt.

9.7 ***Helmschnecken mit Darstellungen tanzender Grazien***
Luigi Casalta, H: 16 bzw. 15,5, um 1890
Wien, HM, Bestand Hermesvilla (A 263–264, früher: Achilleion)
Abb. Seite 160

9.8 Franz von Stuck, ***Innocentia***
Fotografie des Originals (Öl auf Leinwand, 1889)
Foto: Piccadilly Gallery

9.9 John Tenniel, ***Das „ewige Mädchen" Alice***
Illustration zu einer Alice-Geschichte von Lewis Carroll (1872)
Fotografie aus: Alice hinter den Spiegeln, Insel-Verlag, Frankfurt/Main 1974

9.10 Anton Dominik Fernkorn, **Elisabeth als Kind**
Kopie des Originals (Holz, 1845), H: 44
MMD – Museen des Mobiliendepots – Wien
Abb. Seite 162

9.11.1–3 **Kaiserin Elisabeth**
Fotografien
1: Hermann Holz, 10 x 6,2, 1860, 2: 16 x 10,5, um 1863/64
3: Ludwig Angerer, 10,5 x 6,3, 1864
Wien, HM, I.N. 76.622/129; I.N. 60.041/3; I.N. 103.431/764
Abb. Seite 162

9.12 Filippo Palizzi, **Elisabeths Schwester Marie, Königin von Neapel und Sizilien**
Öl auf Leinwand, 107,5 x 134,5, 1860
Privatbesitz
Abb. Seite 164

Königin Marie ließ sich auf dem Höhepunkt jugendlicher Schönheit oft und gerne porträtieren. Sie lebte nach dem Fall der Festung Gaeta im Februar 1861 im Exil, von Dezember 1869 bis Jänner 1870 leistete ihr Elisabeth in Rom Gesellschaft. Ebenso wie Sophie, Herzogin von Alençon, unterstrich Marie ihre Ähnlichkeit mit der Kaiserin durch entsprechende Kleidung und Haartracht.

9.13 **Elisabeths Schwester Sophie, Herzogin von Alençon**
Fotografie von Franz Hanfstaengl, München, 10,1 x 6,5
Wien, HM, I.N. 76.159/1

9.14 **Marie Valerie mit ihrer Cousine Marie, der späteren Gräfin Larisch**
Vergrößerung einer Fotografie des Ateliers K. Koller, Budapest, 1876
Wien, HM, I.N. 90.529/2

9.15.1–2 **Marie Valerie**
Fotografien
1: Atelier K. Koller, Budapest, 16,8 x 11, 1876
2: 10,4 x 6,7, um 1876
Wien, HM, I.N. 43.293/2; I.N. 60.041/7
Abb. Seite 163

9.16 **Rechnungen über kosmetische Artikel, Bestellscheine und Rezepte für die Kaiserin, 1878**
Privatbesitz
Abb. Seite 163

Da Elisabeth auch im Ausland auf die in der k.k. Hof-Apotheke speziell für sie hergestellten Pflegecremes, Badezusätze und Produkte für die Zahn- und Mundpflege nicht verzichten wollte, wurden sie an „Gräfin Hohenems" – Pseudonym der Kaiserin auf Reisen – adressiert. Bei Störungen im Magen-Darmtrakt versuchte sie homöopathische Medikamente (Nux vomica).

10 ENG WARD MIR SELBST DER WEITE PUSZTASAND

In Ungarn fand Elisabeth jene Anteilnahme und Herzlichkeit, die sie am Wiener Hof schmerzlich vermißte. Den Magyaren zuliebe wurde sie sogar politisch aktiv und setzte sich vehement dafür ein, daß 1867 der sogenannte Ausgleich zustande kam. Aus Anlaß der Krönung zum König und zur Königin von Ungarn erhielten die als „Patrona Hungariae" verehrte Frau und ihr Gemahl Schloß Gödöllö zum Geschenk. Elisabeth unternahm von hier aus ausgedehnte Geländeritte. Später hielt sie die in England und Irland veranstalteten Parforcejagden für interessanter und wurde damit auch in Ungarn zum seltenen Gast.

Einst jagt' ich rastlos hin auf dieser Erde,
Eng ward mir selbst der weite Pusztasand,
Das Meer trug mich und meine stolzen Pferde
Hinüber bis an Erin's grünen Strand.

An die Zukunfts-Seelen, 1887

10.1.1 *Szene aus der Puszta*
Karl Sterio, 1857

10.7 *Aufbruch zur Parforcejagd vor Schloß Gödöllö*
Kórnel Spányik nach Julius von Blaas, 1881

10.4 **Königin Elisabeth**
Sándor Wagner, 1867

10.3.1 *Elisabeth im ungarischen Krönungskleid*
Foto Emil Rabending, 1867

10.6 *Ferenc von Deák*
Viktor Madarász, um 1877

10.5 *Gyula Graf Andrássy*
Bertalan Székely, vor 1900

10.1.1–2 Karl Sterio, ***Szenen aus der Puszta***
Gouachen aus dem Besitz der Kaiserin, 1857
1: Tret-Platz bei Félegyházán, 20,4 x 29,3 (Untersatzkarton 49 x 68)
2: Einzug der Rekruten nach Karczagra, 32 x 48,5 (Untersatzkarton 49 x 68)
Wien, HM, I.N. 74.913; I.N. 74.914
Abb. (10.1.1) Seite 168

10.2 Otto von Thoren, ***Ungarisches Fuhrwerk***
Öl auf Leinwand, 52 x 85, 1860
Wien, HM, I.N. 31.513

10.3.1–3 ***Elisabeth im ungarischen Krönungskleid***
Fotografien von Emil Rabending, 1867
1: 10,4 x 6,4, 2: 10,6 x 6,3, 3: 6,3 x 9,7
Wien, HM, I.N. 103.431/761; I.N. 132.739/2; I.N. 133.447/2
Abb. (10.3.1) Seite 170

10.4 Sándor Wagner, ***Königin Elisabeth***
Öl auf Leinwand, 275 x 186, 1867
Budapest, Ungarisches Nationalmuseum, I.N. MTKCS 487
Abb. Seite 169

10.5 Bertalan Székely, ***Gyula Graf Andrássy***
Öl auf Papier, 51,2 x 39, vor 1900
Budapest, Historisches Museum, I.N. 18.241
Abb. Seite 170

Wegen seines Kampfes für die Unabhängigkeit Ungarns wurde Andrássy nach dem Scheitern der Revolution von 1848/49 zum Tode verurteilt. Er konnte fliehen und kehrte erst nach der ihm vom Kaiser 1857 gewährten Amnestie in die Heimat zurück. Seitdem vertrat er im ungarischen Landtag die Auffassung von einer Neugestaltung der Gesamtmonarchie im Sinne der 1867 verwirklichten dualistischen Reichsverfassung (Doppelmonarchie). Im selben Jahr wurde er ungarischer Ministerpräsident.

10.6 Viktor Madarász, ***Ferenc von Deák***
Öl auf Leinwand, 71 x 57,5, um 1877
Budapest, Historisches Museum, I.N. 20.341
Abb. Seite 170

Als ungarischer Justizminister vertrat Deák, der „Weise" der ungarischen Nation, 1848 die gemäßigte Richtung. Danach schuf er die Grundlagen zum Werk des sogenannten Ausgleichs von 1867, der den österreichisch-ungarischen Konflikt beendete.

10.7 Kórnel Spányik nach Julius von Blaas, ***Aufbruch zur Parforcejagd vor Schloß Gödöllö***
Öl auf Leinwand, 62 x 100, 1881
Budapest, Ungarisches Nationalmuseum, I.N. MTKCS 1.909
Abb. Seite 168

Elisabeth ist im schwarzen Reitkleid und mit einem Fächer in der Hand dargestellt. Seit 1883 ritt sie nicht mehr Parforce, 1892 wurde der Jagdpferdestall in Gödöllö aufgelöst.

11 EIN ZAUBEREILAND, FERN IM MEER

Elisabeths Suche nach einer geeigneten Wahlheimat hatte sich zunächst auf die Territorien der österreichisch-ungarischen Doppelmonarchie beschränkt. Später führte der Weg in die Fremde. Die Kaiserin-Königin ließ auf der griechischen Insel Korfu ein Schloß errichten, das ihre Begeisterung für die Antike verewigen und nach Achilles benannt sein sollte. Aber auch Schloß Achilleion war nicht der Ort, Elisabeth auf Dauer zu halten; sie wollte es bereits 1893 verkaufen und besuchte es seitdem nur sporadisch.

Ein Zaubereiland, fern im Meer,
Scheint duftig mich zu grüssen [...]
Zu lange bin ich schon allein [...]
Ich will jetzt mit Delphinen
Ergötzen mich im Sonnenschein!

Nebel-Lieder, III, *1887*

Auch die schöne Fee Abunde
Fürchtet sich vor Nazarenern,
Und den Tag hindurch verweilt sie
In dem sichern Avalun [...]

Lachend geht sie dort spazieren
Unter hohen Sonnenblumen,
Mit dem kosenden Gefolge
Weltentrückter Paladine.

Heinrich Heine, Atta Troll, 1841/42

11.1 *Die kaiserliche Jacht „Miramar"*, 1875

11.14 *Aus der Antikensammlung der Kaiserin*

11.10 *Doppelhocker aus Schloß Achilleion*

11.11 Kindersessel mit geschnitzten Delphinen

11.3 *Schloß Achilleion: Hauptfassade*
Angelos Giallinà, 1893

11.2 *Aus der Huldigungsadresse der Korfioten an die Kaiserin,* 1888

11.1 *Die kaiserliche Jacht „Miramar"*
Bleistiftzeichnung, 32,7 x 50,8, 1875
Wien, HM, I.N. 77.626/35
Abb. Seite 174

Auf dem 1872 erbauten Raddampfer „Miramar" unternahm Elisabeth 1885 ihre erste große Griechenland-Reise. Abermals begeisterte sie sich für Korfu, wo sie sich bereits 1861, während der Rückfahrt von Madeira, aufgehalten hatte.

11.2 *Huldigungsadresse der Korfioten an die Kaiserin*
Handschrift und Aquarell in Samtmappe, 45 x 27, 1888
Wien, HM, I.N. 77.630
Abb. Seite 176

1888 entschloß sich die Kaiserin zum Bau des Achilleion, das 1891 fertiggestellt wurde.

11.3 Angelos Giallinà, *Schloß Achilleion: Hauptfassade*
Aquarell, 34 x 17, 2 (Originalpassepartout 66 x 49), 1893
Wien, HM, I.N. 77.629/1
Abb. Seite 176

11.4 Angelos Giallinà, *Schloß Achilleion: Peristyl*
Aquarell, 34,4 x 17 (Originalpassepartout 66 x 49), 1893
Wien, HM, I.N. 77.629/2
Abb. Seite 179

11.5 Angelos Giallinà, *Schloß Achilleion: „Satyr mit dem Dionysosknaben" im Peristyl*
Aquarell, 34,3 x 17 (Originalpassepartout 66 x 49), 1893
Wien, HM, I.N. 77.629/3

11.6 *Schloß Achilleion: „Musengarten" im Peristyl*
Fotografie einer Illustration zu: Constantin Christomanos, Das Achilles-Schloss auf Corfu, Wien 1896

11.7 *Schloß Achilleion: Peristyl mit Ausblick auf den Park*
Fotografie einer Illustration zu: Constantin Christomanos, Das Achilles-Schloss auf Corfu, Wien 1896

11.8 *Schloß Achilleion: „Centauren-Terrasse"*
Fotografie einer Illustration zu: Constantin Christomanos, Das Achilles-Schloss auf Corfu, Wien 1896

11.9 *Tisch im türkischen Stil*
Holz mit Perlmutt-Intarsien, H: 51, Dm.: 41,5
Wien, HM, Bestand Hermesvilla (A 68, früher: Achilleion)

11.10 *Doppelhocker („Confidente") im maurischen Stil*
Holz mit gedrechselten Stäben, Gobelinbezug, H: 55,5, B: 79, T: 40,5
Wien, HM, Bestand Hermesvilla (A 64, früher: Achilleion)
Abb. Seite 175

11.11 ***Kindersessel mit geschnitzten Delphinen***
Italien (venezianisch?), Bezug erneuert, H: 50, B: 45, T: 45, um 1888
Wien, HM, Bestand Hermesvilla (I.N. 2.747)
Abb. Seite 175

Der Delphin galt im Altertum als Mittler zwischen Ober- und Unterwelt, er gehörte zu den Sternbildern und war sowohl dem Wasser als auch der Erde verbunden. Als Kennzeichen und Wappentier des Achilleion stand er wohl auch der Mutter des Achilles, der Meeresnymphe Thetis, nahe. – Das Mobiliar des griechischen Schlosses wurde zum überwiegenden Teil in italienischen Werkstätten hergestellt, die Schlafzimmereinrichtung im „pompejanischen Stil" von Antonio Caponetti in Neapel.

11.12 Nicolaus Mayer, ***Beduine***
Bronze und Marmor, H: 79, 1888
Wien, HM, Bestand Hermesvilla (A 404, früher: Achilleion)

11.13 ***Dornauszieher***
Kopie nach dem Original im Palazzo dei Conservatori in Rom (Bronze, 1. Jh. v. Chr.)
Marmor, H: 36, um 1888
Wien, HM, Bestand Hermesvilla (A 405, früher: Achilleion)

11.14.1-6 ***Gegenstände aus verschiedenen Epochen der Antike***
1: Aryballos, korinthisch, H: 7,4, 7. Jh. v. Chr.
2: Lekythos, attisch, H: 25, Mitte 5. Jh. v. Chr.
3: Skyphos, attisch, H: 10, 2. Hälfte 5. Jh. v. Chr.
4: Kantharos, attisch, H: 22, 5./4. Jh. v. Chr.
5: Hydria, attisch, H: 18,5, 4. Jh. v. Chr.
6: Öllampe, italisch, L: 11,5, 1. Jh. n. Chr.
Wien, HM, Bestand Hermesvilla (früher: Achilleion)
Abb. Seite 174

11.4 *Schloß Achilleion: Peristyl*
Angelos Giallinà, 1893

12 MARMOR BIN ICH

Die Nachwelt setzte Elisabeth zahlreiche Denkmäler. Sie können als Metaphern für Anmut und Würde gelten, manchmal wird verhaltene Wehmut spürbar. Zu Elisabeths Selbstbild gehörte aber auch die Dimension klassischer Strenge. Das Monument des sterbenden Achilles vor Augen, hatte Elisabeth die gleiche Aura von Stolz, Schönheit und Trauer bei sich wahrgenommen, als sie vergangener Tage gedachte: Der Unwiederbringlichkeit früheren Glücks gewiß, sei ihr Herz seitdem „aus Stein", ein „Eisherz starr und kalt".

Mein Lieb' ist aus Stein,
Mein Herz ist aus Stein,
Kalt wie sein Marmor bin ich [...]

Über Ernst Herters Achilles-Skulptur, *1885*

Ich hab' geliebt, wie wenige nur lieben,
Mit jedem Puls- und Herzensschlag [...]

Offensee, 1886

Und trotz allen heissen Küssen
Bleibt mein Eisherz starr und kalt [...]

Ja, wenn ich ..., 1886

Sie stand im Kahn so blaß, so schlank
Und unbeweglich dabei,
Als wär sie ein welsches Marmorbild,
Dianens Konterfei.

Heinrich Heine, Nächtliche Fahrt.
Romanzero, Historien, 1851

12.2 *Antike Friedhofsszene*
Adolf Hirschl-Hirémy

12.3 *„Sculptur“*
Gustav Klimt, 1896

12.1 *Klassische Landschaft*
Leopold Rothaug, 1939

12.7 *Elisabeth-Denkmal von Edmund Hellmer*
Foto Adolf Porm, 1901

12.5 *Kaiserin Elisabeth*
Hermann Klotz, 1906

12.8 *Reduktion des Elisabeth-Denkmals im Wiener Volksgarten*
Hans Bitterlich, 1907

12.11 *„Lady of Warka“*
um 3.200 v. Chr.

12.12 *„Totenmaske“ der Kaiserin*
um 1898 (?)

12.13 *Elisabeth in einer Wolke*
Robert Weigl, 1902

12.1 Leopold Rothaug, **Klassische Landschaft**
Öl auf Leinwand, 93 x 120, 1939
Wien, Österreichische Galerie Belvedere, I.N. 4.800
Abb. Seite 183

12.2 Adolf Hirschl-Hirémy, **Antike Friedhofsszene (Frau mit Kindern, eine Grabstele schmückend)**
Öl auf Leinwand, 106 x 58,5
Wien, Österreichische Galerie Belvedere, I.N. 5.803
Abb. Seite 182

12.3 Gustav Klimt, **„Sculptur" (Vorlage für die Serie: Allegorien, Neue Folge)**
Kreide und Bleistift auf Papier, Goldhöhung, 41,8 x 31,3, 1896
Wien, HM, I.N. 25.014
Abb. Seite 182

12.4 Frida Kahlo, **Gedanken an den Tod**
Fotografie des Originals (Öl auf Leinwand, 1943)
Privatsammlung

12.5 Hermann Klotz, **Kaiserin Elisabeth**
Bisquit, Porzellanfabrik A. Förster, Wien, H: 47 (Sockel 18,6 x 23,2), 1906
Wien, HM, I.N. 43.979
Abb. Seite 183

Die Statuette entstand nach dem von Klotz hergestellten Denkmal für die Budapester Elisabeth-Kirche. Ein Gipsabguß der lebensgroßen Figur befindet sich in der Wiener Hofburg (Durchgang zum Alexander-Appartement).

12.6 A. Bianchi, **Kaiserin Elisabeth**
Stucco nach Edmund Hellmer, H: 50, 1900
Budapest, Ungarisches Nationalmuseum, I.N. 1956.106

12.7 **Kaiserin Elisabeth-Denkmal von Edmund Hellmer**
Fotografie von Adolf Porm, 31,3 x 22,3, 1901
Wien, HM, I.N. 51.403
Abb. Seite 183

Die 1901 im Schloßpark von Hellbrunn bei Salzburg aufgestellte Marmorskulptur war unmittelbarer Anlaß für die Errichtung eines Elisabeth-Monuments in Wien.

12.8 Hans Bitterlich, **Reduktion der Denkmalfigur im Wiener Volksgarten**
Bronze, H: 56,5 (Sockel 35 x 28), 1907
Wien, HM, I.N. 40.619
Abb. Seite 184

Die am 4. Juni 1907 feierlich eröffnete Denkmalanlage wurde von Friedrich Ohmann entworfen, die Ausführung der Elisabeth-Figur hatte Hans Bitterlich übernommen.

12.9 Hans Bitterlich, **Büste der Kaiserin**
Gips, H: 71, um 1907
MMD – Museen des Mobiliendepots – Wien, I.N. TA 73

12.10 Franz Seifert, ***Elisabeth-Büste, Studie zum Denkmal in Triest (1912)***
Gips, H: 50, 1910
Wien, HM, I.N. 78.612

12.11 ***„Lady of Warka"***
Fotografie des Originals (Marmor, um 3.200 v. Chr.)
Bagdad, Iraq-Museum
Abb. Seite 184

Die in der Nähe eines Gräberfeldes aufgefundene Maske stand möglicherweise in Verbindung mit dem Totenkult der Sumerer. Sie schmückte die Statue einer Göttin oder Priesterin. Ihre Augenbrauen stoßen zusammen – ein Zeichen von hoheitsvoller Schönheit. Als Ikone stiller Trauer ist die Wirkung dieses Gesichts bis heute ungebrochen.

12.12 ***Antlitz der Kaiserin, sogenannte Totenmaske***
Gips, 19,5 x 15,5, um 1898 (?)
Wien, HM, I.N. 165.681
Abb. Seite 184

Auch das Antlitz weiß wie Marmor,
Und wie Marmor kalt. Entsetzlich
War die Starrheit und die Blässe
Dieser strengen edlen Züge.

Heinrich Heine, Atta Troll, 1841/42:
Aus der Beschreibung der Göttin Diana

12.13 Robert Weigl, ***Elisabeth in einer Wolke***
Polierter Gips, H: 36,5 (Sockel 19,5 x 13), 1902
Wien, HM, I.N. Lueger 835
Abb. Seite 184

12.14 Anselm Feuerbach, ***Medea an der Urne***
Fotografie des Originals (Öl auf Leinwand, 1873)
Wien, Österreichische Galerie Belvedere

13 IM LANGEN, SCHWARZEN KLEIDE

Seit 1889, dem Selbstmord des einzigen Sohnes Rudolf, zeigte sich die Kaiserin fast ausschließlich in der Farbe der Trauer. Dieses Selbstbild wurde als „Mater dolorosa“ gedeutet, also als Umsetzung des religiösen Themas der „Schmerzensreichen Mutter“ in den profanen Bereich. Gleichzeitig entsprach Elisabeths Erscheinung den Vorstellungen vom „Reich der Schatten“, von Vergänglichkeit und Verhängnis. Damit war es möglich, auf diese „Dame in Schwarz“ Schopenhauers pessimistische Weltsicht ebenso zu projizieren wie die Endzeitstimmung vor der Jahrhundertwende.

Es ist die Allerseelennacht;
Der Friedhof liegt verlassen;
Wer würde auch um Mitternacht
Mit Toten sich befassen?

Doch wie der Mond durch Wolken bricht,
Bescheinen seine Strahlen
Ein bleiches Frauenangesicht,
Um das die Flore wallen.

Sie wandelt still und ernst daher
Im langen, schwarzen Kleide;
Mit Kränzen sind die Arm' ihr schwer
Behangen alle beide.

Allerseelen, 1887

Es hatte mein Haupt die schwarze Frau
Zärtlich ans Herz geschlossen;
Ach! Meine Haare wurden grau,
Wo ihre Thränen geflossen.

Heinrich Heine, Zum Lazarus. Letzte Gedichte, 1854

13.6 *An der Bahre der Erzherzogin Sophie,* 1872

13.8 *„Ein ewiges Geheimnis“*
Angelo (Graf) von Courten, 1886

13.7 *Elisabeth trauert um Ferenc von Deák*
Adolphe Masson nach Michael Zichy, 1876

13.14 *Dame in Schwarz*
Georges Seurat, um 1882

13.15.2 *Kaiserin-Bildnis,* 1899

13.18 *Porträt Elisabeths*
Leopold Horowitz, 1899

13.1 ***Tragödie***
Gustav Klimt, 1897

13.2 ***Klageweiber im Grab des Ramose,*** um 1365 v. Chr.

13.5 ***Gewandstudie einer Knieenden***
Anselm Feuerbach, um 1861/66

13.4 *Der Schmerz*
Carlos Schwabe, 1893

13.10 *Der verstorbene Kronprinz*
Foto Josef Székely, 1889

13.11 *Denkmal des Thronfolgers für den Park des Achilleion*

13.12 *Die Toteninsel*
Arnold Böcklin, 1880

13.9 **Ludwig II. im offenen Sarg**
Joszi Arpád Koppay, 1886

13.16 *Elisabeth an der Bahre Gyula Andrássys*
Károly Cserna, 1890

13.17 *Königin Elisabeth*
Gyula von Benczúr, 1899

13.20 *Visitkarten der Kaiserin*

13.1 Gustav Klimt, **Tragödie (Vorlage für die Serie: Allegorien, Neue Folge)**
Kreide und Bleistift auf Papier, Gold- und Weißhöhung, 41,9 x 30,8, 1897
Wien, HM, I.N. 25.007
Abb. Seite 190

Melpomene, eine der neun Musen, gilt als Schutzpatronin der Tragödie und wird deshalb mit einer tragischen Maske dargestellt.

13.2 **Klageweiber im Grab des Ramose**
Fotografie des Originals (Wandmalerei, 18. Dyn., um 1365 v. Chr.)
Schêch Abd el-Kurna
Abb. Seite 190

Eine zentrale Rolle bei den altägyptischen Begräbniszügen nahmen die bezahlten Klagefrauen ein. Sie trugen weiße, lange Gewänder, wobei der Oberkörper meist unbedeckt blieb, um an die Zeremonie des unmittelbar nach dem Todesfall üblichen Kleiderzerreißens zu erinnern. Die Haare hingen offen und schmucklos herab. Das Weinen und Händeringen der Frauen ist im Grab des Wesirs Ramose besonders eindrucksvoll dargestellt. Der „Zug der Klageweiber" – eine der bekanntesten Grabmalereien des Neuen Reiches – gilt seit seiner Entdeckung als Sinnbild der Trauer um Verstorbene.

13.3 George Frederick Watts, **Hoffnung**
Fotografie des Originals (Öl auf Leinwand, 1885)
London, Tate Gallery
Abb. Seite 220

Die allegorische Frauenfigur ist in der Art der italischen Schicksals- und Orakelgöttin Fortuna dargestellt, nämlich auf einer Kugel sitzend und mit einer Binde vor den Augen.

13.4 Carlos Schwabe, **Der Schmerz**
Fotografie des Originals (Öl auf Leinwand, 1893)
Genf, Musée d'Art et d'Histoire
Foto: M. Aeschimann
Abb. Seite 191

13.5 Anselm Feuerbach, **Gewandstudie einer Knieenden**
Kreide und Bleistift auf bräunlich-grauem Papier, 23 x 23,3, um 1861/66
Karlsruhe, Staatliche Kunsthalle, Kupferstichkabinett, I.N. 1969-3
Abb. Seite 190

Die Zeichnung wurde entweder für die 1861–1863 entstandene Pietá in der Schack-Galerie (München) ausgeführt oder als Entwurf für die in Riga befindliche „Beweinung Christi" (1866/67).

13.6 ***Die kaiserliche Familie an der Bahre der Erzherzogin Sophie***
Zeitungsholzstich, 23,7 x 32,3, 1872
Wien, HM, I.N. 91.673
Abb. Seite 188

Um der Kranken Beistand zu leisten, hatte Elisabeth ihren Aufenthalt in Meran beendet und war nach Wien gereist. Sophie starb am 28. Mai und wurde am 1. Juni feierlich beigesetzt.

13.7 ***Elisabeth trauert um Ferenc von Deák***
Radierung mit Aquatinta von Adolphe Masson nach Michael Zichy, 84,7 x 60, 1876
Wien, HM, I.N. 91.296
Abb. Seite 188

13.8 Angelo (Graf) von Courten, ***„Ein ewiges Geheimnis" (Allegorie zum Tod König Ludwigs II. von Bayern)***
Fotografie des Gedenkblattes, Originalrahmen, 63 x 49,5, 1886
Wien, HM, Bestand Hermesvilla (I.N. 1.331)
Abb. Seite 188

13.9 Joszi Arpád Koppay, ***Ludwig II. im offenen Sarg***
Pastell, Originalrahmen, 73 x 91, 1886
Wien, HM, Bestand Hermesvilla (I.N. 1.275)
Abb. Seite 193

Am 13. Juni 1886, dem Todestag Ludwigs II., befand sich Elisabeth am anderen Ufer des Starnberger Sees, in Feldafing. Dort ließ sie am 21. Juni eine Seelenmesse lesen und fuhr am 22. nach München, um am Sarg des Königs einen Kranz niederzulegen. Der an den Tagen vor der Beisetzung in der Kapelle der Residenz aufgebahrte Leichnam wurde so dargestellt, wie es die Kaiserin gewünscht hatte – mit einem von ihr gesandten Jasminstrauß auf der Brust.

13.10 ***Der verstorbene Kronprinz***
Fotografie von Josef Székely, 10,9 x 16,4, 1889
Wien, HM, I.N. 49.804/308
Abb. Seite 192

Die Aufnahme zeigt die erste von insgesamt drei Aufbahrungen des Erzherzogs Rudolf in der Wiener Hofburg. Der am 30. Jänner aufgefundene Leichnam war am Abend desselben Tages von Mayerling, dem Ort des Unglücks, nach Baden und von dort mit der Eisenbahn nach Wien gebracht worden.

13.11 ***Denkmal des Thronfolgers für den Park des Achilleion***
Druck, 14 x 8,9
Wien, HM, I.N. 165.754/30
Abb. Seite 192

Das vom Schweizer Bildhauer Antonio Chiattone hergestellte Monument befand sich seit 1895 auf Korfu, später in Mayerling und danach in Wien. Dort wurde es gegen Ende des Zweiten Weltkrieges weitgehend zerstört.

13.12 Arnold Böcklin, ***Die Toteninsel***
Fotografie des Originals (Öl auf Holz, 1880)
Leipzig, Museum der Bildenden Künste
Abb. Seite 193

Die in mehreren Fassungen gemalte Darstellung erschien Elisabeth als Abbild der Korfu vorgelagerten Insel Pondikonnissi: „Wir werden sehr oft hingehen", sagte sie einmal zu ihrem Griechischlehrer Christomanos, „Es ist dort unten ein Fährmann, der ganz wie der Charon aussieht. Ich lasse mich von ihm zum Eiland rudern, wie eine sehnsüchtige Seele."

13.13 Fernand Khnopff, ***Der Schleier***
Fotografie des Originals (Kohlezeichnung, um 1890)
Foto: Dulière

13.14 Georges Seurat, ***Dame in Schwarz***
Fotografie des Originals (Kreidezeichnung, um 1882)
Wien, Verlag Christian Brandstätter
Abb. Seite 189

13.15.1–2 ***Kaiserin-Bildnisse „nach Rudolfs Tod"***
Retuschierte Fotografien, 1899
1: 16,6 x 10,5, 2: 24,2 x 17,4
Wien, HM, I.N. 79.300; I.N. 167.614
Abb. (13.15.2) Seite 189

Eine 1868 oder 1869 entstandene Aufnahme Ludwig Angerers bildete die Grundlage für Karl Pietzners spätere Überarbeitung: Einerseits sollte Elisabeths Schönheit in Erinnerung bleiben, andererseits die Trauer um den einzigen Sohn ins Gedächtnis gerufen werden.

13.16 Károly Cserna, ***Elisabeth an der Bahre Gyula Andrássys***
Aquarell, 31,6 x 24,5, 1890
Budapest, Ungarisches Nationalmuseum, I.N. MTKCS 53.1057
Abb. Seite 194

Nach dem Tode Deáks im Jänner 1876 starb am 18. Februar 1890 der zweite der beiden für den Ausgleich verantwortlichen ungarischen Politiker. Andrássy hatte in den Jahren 1871 bis 1879 als Außenminister der Doppelmonarchie fungiert, nach seinem Rücktritt stand er der österreichisch-ungarischen Monarchie bei diplomatischen Missionen beratend zur Seite.

13.17 Gyula von Benczúr, ***Königin Elisabeth***
Öl auf Leinwand, 142 x 95,5, 1899
Budapest, Ungarisches Nationalmuseum, I.N. MTKCS 1.891
Abb. Seite 195

13.18 **Porträt Elisabeths**
Fotografie von Viktor Angerer nach Leopold Horowitz, 1899
Wien, Österreichische Nationalbibliothek, Bild-Archiv und Porträt-Sammlung
Abb. Seite 189

13.19 **Stoffmuster für ein schwarzes Kleidungsstück der Kaiserin**
Auftragsbuch WJ & N, Nr. 14, pag. 12758, 29,4 x 24,5 x 8,5, 1896
Wien, Wilhelm Jungmann & Neffe

Das am 18. November 1896 von Elisabeth bestellte „Lainage Panama Cape mit Velour-du-Nord Kragen" war am 20. November fertig und kostete 180 Gulden.

13.20 **Visitkarten der Kaiserin**
Druck, 6,5 x 10,4
Privatbesitz
Abb. Seite 196

Beide Versionen (deutsch und französisch) waren für offizielle Anlässe vorgesehen oder wurden dann verwendet, wenn bei Besuchen die Angehörigen der Fürstenhäuser in keinem sehr engen Kontakt zum Kaiserhaus standen. Seit 1889 wurden Elisabeths Visitkarten mit schwarzem Rand gedruckt.

13.21 **Strümpfe Elisabeths**
Gewirkte Wollfäden, schwarz, L: 60 (Fußlänge 34)
Privatbesitz

13.22 **Gürtel mit Taillenweite 53**
Schwarze Atlasseide, in der Mitte gespitzt, mit Fischbein versteift,
Hakenverschluß, L: 59, H: 16,5
Privatbesitz

Auch in ihren späteren Lebensjahren, nach Rudolfs Tod, konnte die Kaiserin ihre mädchenhafte Figur beibehalten.

13.23 **Sonnenschirm der Kaiserin**
Schwarze Brüsseler Spitze auf schwarzer Seide, Holz, Messing, L: 98
Privatbesitz

14 EIN IRRLICHT TANZ' ICH VOR DIR HER

Die Eigenschaft der Feen, sich unsichtbar zu machen und jede beliebige Gestalt annehmen zu können, hatte Elisabeth dazu inspiriert, sich als „Tochter der Luft", Schwalbe oder Möwe zu sehen. Damit erinnerte sie abermals an Titania, die als Elementargeist Sylphide hieß und der Luft zugeordnet war. Schwerelos dahinzugleiten, blieb für die Kaiserin der Inbegriff intensiven Lebensgefühls und gelebter Freiheit: Zwar verglich sie sich während der hektischen Reisetätigkeit der letzten Jahre mit dem „Fliegenden Holländer", war aber keineswegs so unglücklich wie der zu ewiger Rastlosigkeit verdammte Seefahrer, sondern genoß die auf Schiffen und in Eisenbahnen verbrachte Zeit durchaus.

Ein Irrlicht tanz' ich vor dir her,
im hellen und im dunklen,
Bald siehst du mich auf hohem Meer,
Bald auf dem Berge funkeln.

Titania und Alfred, X, 1888

Heute hier und morgen dorten,
Auf dem Berge, auf dem Meer,
Scherz und Spiel an allen Orten,
Schwebt Titania leicht einher.

Gastuna, 1888

Ja, wahrlich ich bin eine Tochter der Luft,
Verachtend die lästigen Kleider [...]

Am Zauberberg, 1886

Eine Möve bin ich von keinem Land,
Meine Heimat nenne ich keinen Strand,
Mich bindet nicht Ort und nicht Stelle;
Ich fliege von Welle zu Welle.

Nordsee Lieder, 7, 1885

14.2 *Elisabeth hinter dem Fächer,* um 1880

14.3 *„Fliehende“*
Friedrich König, 1902

14.1 Das Irrlicht
Arnold Böcklin, 1862

14.6 Blick auf Monte Carlo

14.7 Hafen von San Remo

14.10 *Straße von Castellamare nach Sorrent*
Eduard Engerth, 1853

14.14 *Meereseinsamkeit*
Anton Melbye, 1852

14.17 *Heroische Landschaft*
Friedrich Amerling, 1856

14.16 *Angelica fährt durch die Lüfte*
Peter Krafft, um 1842

14.18 *Ägyptischer Andenkenverkäufer*
Alphons Leopold Mielich

14.19 *Rathaus in Genf*
Franz Alt, 1853

14.1 Arnold Böcklin, ***Das Irrlicht***
Fotografie des Originals (Öl auf Leinwand, 1862)
Schweinfurt, Sammlung Georg Schäfer
Abb. Seite 203

14.2 ***Elisabeth hinter dem Fächer***
Fotografie des Originals (Aufnahme um 1880)
Wien, Österreichische Nationalbibliothek, Bild-Archiv und Porträt-Sammlung
Abb. Seite 202

Aus den achtziger und neunziger Jahren existieren nur wenige Momentaufnahmen der fotoscheuen Kaiserin.

14.3 Friedrich König, ***„Fliehende“***
Fotografie einer Illustration zu „Ver Sacrum“, September 1902
Wien, HM, I.N 115.124/91
Abb. Seite 202

14.4 ***Hafen von Algier***
Fotografie, 30,2 x 40,2
Wien, HM, I.N. 182.004

Algier wurde von Elisabeth mehrmals aufgesucht, nämlich 1890 und in den Jahren 1893 bis 1895.

14.5 ***Ansicht von Cannes***
Fotografie, 24,7 x 32,6
Wien, HM, I.N. 75.415/3

Die französische Riviera gehörte in den neunziger Jahren zu den von der Kaiserin bevorzugten Reisezielen.

14.6 ***Blick auf Monte Carlo***
Fotografie, 24,3 x 25
Wien, HM, I.N. 75.415/8
Abb. Seite 204

14.7 ***Hafen von San Remo***
Fotografie, 21,9 x 32,5
Wien, HM, I.N. 75.415/18
Abb. Seite 204

14.8 ***Blick auf Florenz***
Fotografie, 19 x 23,5
Wien, HM, I.N. 77.825

Gegen Ende einer 1890 durchgeführten Schiffsreise besichtigte Elisabeth Florenz. Von hier fuhr sie weiter nach Pompeji, Capri und Neapel.

14.9 ***Pompeji***
Kolorierte Fotografie, 7,4 x 15
Wien, HM, I.N. 72.961/49

14.10 Eduard Engerth, ***Straße von Castellamare nach Sorrent***
Öl auf Leinwand, 55 x 79, 1853
Wien, Dr. Ruediger Engerth
Abb. Seite 205

Im März 1896 war Elisabeth in Cannes, Neapel und Sorrent, danach blieb sie bis Ende April auf Korfu.

14.11 ***Die Kaiserin an der Reling***
Fotografie des Originals (Aufnahme 1897)
Wien, Österreichische Nationalbibliothek, Bild-Archiv und Porträt- Sammlung

Elisabeth steht mit dem Rücken zum Beschauer, im Hintergrund ist die Riviera zu sehen. Fotografiert wurde von Prinzessin Marie José, der Gemahlin Karl Theodors, des Bruders der Kaiserin.

14.12 Anton Brioschi nach Alfred Roller, ***Bühnenbild zu Richard Wagners Oper „Der fliegende Holländer"***
(1. Akt, Meeresküste)
Aquarell, 37 x 49, 1922
Wien, Österreichisches Theatermuseum, I.N. HOPÜ 4964

Im Bild des „Fliegenden Holländers" begegnete Elisabeth nicht nur Heinrich Heine, dem der Komponist die Kenntnis der Geschichte zu verdanken hatte, sondern auch ihrem unglücklichen Sohn Rudolf: Eine verschlüsselte Botschaft an dessen letzte Geliebte Mary – I.L.V.B.I.D.T. („In Liebe vereint bis in den Tod") – stimmt mit der Klage des Seefahrers bei Richard Wagner überein: „Vom Fluch ein Weib allein kann mich erlösen,/ein Weib, das Treu' bis in den Tod mir hält ...".

14.13 Josef Maria Auchentaller, ***Schirokko***
Öl auf Leinwand, 108 x 99, 1908
Wien, HM, I.N. 168.487

14.14 Anton Melbye, ***Meereseinsamkeit***
Fotografie des Originals (Öl auf Leinwand, 1852)
Hamburg, Hamburger Kunsthalle
Foto: Elke Walford, Hamburg
Abb. Seite 205

14.15 ***Leuchtturm bei Triest***
Radierung von Marie Adler, 15,8 x 23,1, um 1900
Wien, HM, I.N. 179.813/1

14.16 Peter Krafft, ***Angelica fährt durch die Lüfte (Szene aus „L'Orlando Furioso" von Ludovico Ariosto)***
Öl auf Papier, 37,6 x 31,5, um 1842
Wien, HM, I.N. 56.425
Abb. Seite 206

14.17 Friedrich Amerling, **Heroische Landschaft**
Öl auf Leinwand, 68 x 55,5, 1856
Wien, Österreichische Galerie Belvedere, I.N. Lg 41
Abb. Seite 206

14.18 Alphons Leopold Mielich, ***Ägyptischer Andenkenverkäufer***
Öl auf Karton, 44 x 55
Wien, HM, I.N. 71.503
Abb. Seite 207

Ich fühle mich außerordentlich heimisch in Kairo, sagte sie. Selbst im größten Gewühle der Lastenträger und der Esel fühle ich mich weniger beengt, als auf einem Hofball und fast ebenso glücklich wie in einem Walde. *Tagebuch des Constantin Christomanos, 1892*

14.19 Franz Alt, **Rathaus in Genf**
Aquarell, 37,3 x 29,6, 1853
Wien, HM, I.N. 77.626/33
Abb. Seite 207

Genf gefiel der Kaiserin besser als alle anderen Schweizer Städte: „Es ist dies mein liebster Aufenthalt, weil ich da ganz verloren gehe unter den Kosmopoliten", erklärte sie ihrem Griechischlehrer Christomanos.

14.20 ***Das Kaiserpaar in Bad Kissingen***
Fotografie des Originals (Atelier Kolb, 1898)
Wien, Österreichische Nationalbibliothek, Bild-Archiv und Porträt-Sammlung

Franz Joseph kam im April nach Bad Kissingen auf Besuch, die Tochter Marie Valerie im Mai. Der Fotograf überraschte das Kaiserpaar während eines Spaziergangs.

14.21 ***Die Kaiserin mit Irma Gräfin Sztáray in der Schweiz***
Fotografie des Originals (Aufnahme 1898)
Wien, Österreichische Nationalbibliothek, Bild-Archiv und Porträt-Sammlung

Die Momentaufnahme entstand in Territet oder – nach anderer Auffassung – am 9. September 1898 in Genf. Vor ihrer Kur in Bad Kissingen hatte Elisabeth in Territet gewohnt. Am 29. August war sie abermals in Territet, übersiedelte aber bereits am nächsten Tag nach Caux und fuhr am 9. September nach Genf. Für den 10. war die Rückreise nach Caux geplant.

15 KEINE THRÄNEN WIRD MAN WEINEN

Vor dem Hintergrund raschen Szenenwechsels und eines Kaleidoskops flüchtiger Impressionen verliert Elisabeths Gestalt an Schärfe der Kontur. Der letzte Schauplatz ist Genf, das Datum der 10. September 1898. Am frühen Nachmittag dieses sonnigen Spätsommertages fällt die Kaiserin einem Mordanschlag zum Opfer. Der Leichnam wird am Samstag, dem 17. September, in der Wiener Kapuzinergruft feierlich beigesetzt. Der zu lebenslanger Haft verurteilte Attentäter, ein italienischer Anarchist namens Luigi Luccheni, erhängt sich am 16. Oktober 1910 in seiner Zelle im Genfer Gefängnis.

Keine Thränen wird man weinen,
Wird nicht seufzen, wird nicht klagen;
Fröhlich wird die Sonne scheinen
Auch an meinen Sterbetagen [...]

Keine Messe wird man singen, 1886
(nach: Heinrich Heine, Gedächtnisfeier. Lazarus, 1850/51)

Ich bin ein Sonntagskind, ein Kind der Sonne;
Die goldnen Strahlen wand sie mir zum Throne,
Mit ihrem Glanze flocht sie meine Krone,
In ihrem Lichte ist es, dass ich wohne,
Doch wenn sie je mir schwindet, muss ich sterben.

Sonntagskind, 1887

Wir spazierten dann sehr langsam den Quai du Mont Blanc entlang. Ihre Majestät erging sich mit Genuß im Sonnenschein, ergötzte sich an dem bunt wogenden Leben der Straßen, mich aber übermannte die Unruhe und ich machte sie aufmerksam, daß es Zeit wäre, ins Hotel zurückzukehren und sich zur Reise vorzubereiten.

Über den Vormittag des 10. September 1898.
Irma Gräfin Sztáray, Aus den letzten Jahren der Kaiserin Elisabeth, 1909

15.1.1 *Am Ufer des Genfer Sees nach dem Attentat*
Foto d'Illin und Jacom, 10. September 1898

15.1.4 *Vor dem Hotel „Beau-Rivage"*
Foto d'Illin und Jacom,
10. September 1898

Neue Freie Presse.

Extra-Ausgabe.

Nr. 12230. Wien, Samstag, den 10. September 1898.

Die Kaiserin ermordet!

Wien, 10. September, 5 Uhr [illegible]ittags.

Eine entsetzliche, niederschmetternde Nachricht ist soeben eingetroffen. Unsere edle Kaiserin Elisabeth, aus deren Händen die Welt nur Gutes empfing, ist an den Ufern des Genfer Sees, wohin sie gekommen war, um Heilung für ihre Leiden zu finden, von einem Elenden ermordet worden.

Folgende Depeschen sind uns zugegangen:

Genf, 10. September. **Kaiserin Elisabeth** hatte heute eine Spazierfahrt mit dem Dampfer über den Genfer See unternommen. Als das Schiff in Genf landete und die Passagiere das Schiff verließen, **näherte sich der Kaiserin ein Individuum, das ihr ein Dolchmesser in die Herzgegend stieß.** Die Kaiserin wurde blutend aufs Schiff gebracht. Da sich ihr Zustand sichtlich verschlimmerte, trug man die Kaiserin ans Land und bettete sie auf eine Tragbare, **wo sie den Geist aufgab.**

Der Mörder, ein Italiener, wurde von der Menge **sofort festgehalten** und in Haft gebracht. Er gab an, ein **Anarchist** zu sein.

Genf, 10. September. Als die Kaiserin ins Hotel gebracht wurde, war sie bereits eine Leiche.

Wien, 10. September. Der Minister-Präsident Graf Thun ist soeben nach Schönbrunn gefahren, um den Kaiser die Unglücksbotschaft mitzutheilen.

Herausgeber: Dr. Eduard Bacher, Moriz Benedikt. — Verantwortlicher Redacteur: Karl Felix Kohler. — Druckerei der „Neuen Freien Presse“: Reinhold Geyer.

Unentgeltlich.

15.2 „Neue Freie Presse“ vom 10. September 1898, Extra-Ausgabe

15.4 Totenmaske Elisabeths

Le soussigné, Greffier de la Cour de Justice Criminelle de Genève atteste, par les présentes, que l'arme ci-annexée est celle dont s'est servi Lucheni Luigi, assassin de S.M. l'Impératrice d'Autriche, pour commettre son crime.

Genève 10 Novembre 1898.

Rouiller [?]

15.3 Tatwaffe des Anarchisten Luigi Luccheni

15.6.4 *Eintreffen des Leichenwagens am Genfer Bahnhof*
Foto d' Illin und Jacom, 14. September 1898

15.8 *Aufbahrung der Kaiserin in der Hofburgkapelle*
Foto R. Lechner (W. Müller)

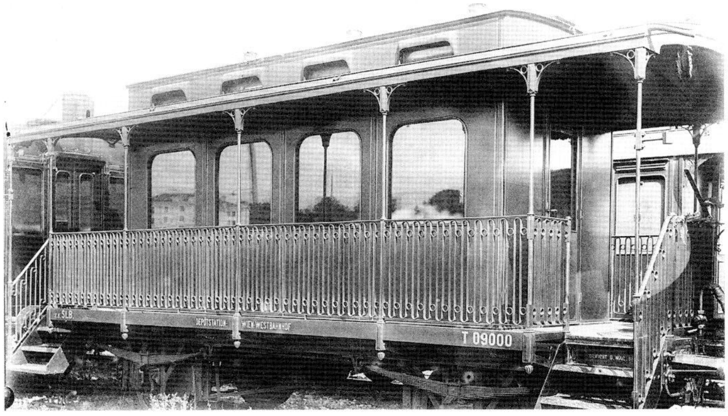

15.6.6 *Der für die Heimreise Elisabeths bestimmte Waggon*
Foto d' Illin und Jacom, 14. September 1898

15.9.4 *Trauerzug am 17. September 1898*
Foto R. Lechner (W. Müller)

15.11 *Staatsanwalt Navazza*
Foto d'Illin und Jacom, Oktober 1898

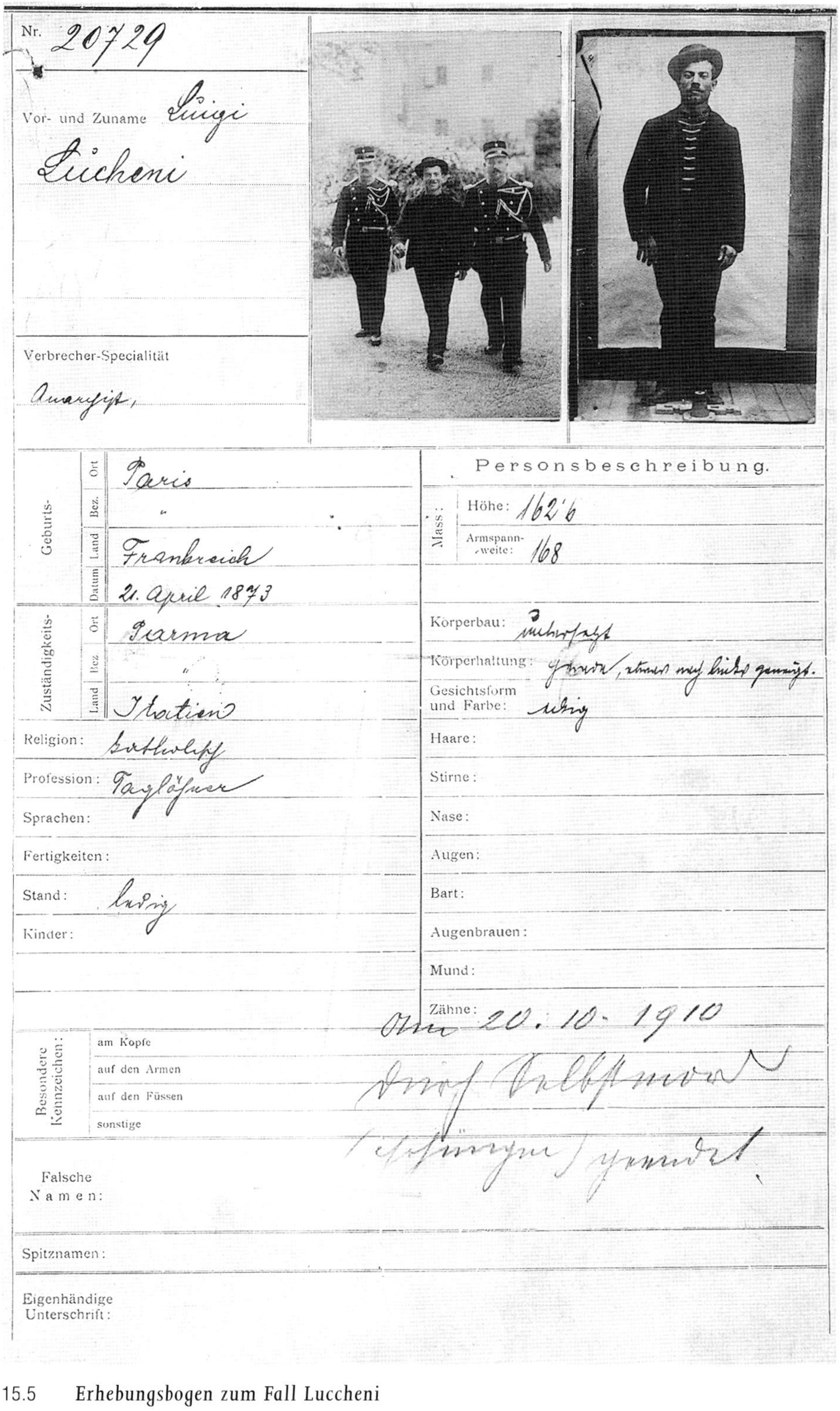

Nr. 20729

Vor- und Zuname Luigi Lucheni

Verbrecher-Specialität Anarchist,

Geburts- Ort: Paris
Bez.: "
Land: Frankreich
Datum: 21. April 1873

Zuständigkeits- Ort: Parma
Bez.: "
Land: Italien

Religion: katholisch
Profession: Taglöhner
Sprachen:
Fertigkeiten:
Stand: ledig
Kinder:

Personsbeschreibung.

Mass: Höhe: 162'6
Armspann-weite: 168

Körperbau: untersetzt
Körperhaltung: gerade, etwas nach links geneigt.
Gesichtsform und Farbe: ledig
Haare:
Stirne:
Nase:
Augen:
Bart:
Augenbrauen:
Mund:
Zähne:

Besondere Kennzeichen: am Kopfe / auf den Armen / auf den Füssen / sonstige

Am 20. 10. 1910 durch Selbstmord (Erhängen) geendet.

Falsche Namen:

Spitznamen:

Eigenhändige Unterschrift:

15.5 *Erhebungsbogen zum Fall Luccheni*

15.12 **Frieden**
Hieronymus Cairati

15.13 *Die Seelen am Acheron*
Adolf Hirschl-Hirêmy, 1898

15.1.1–4 *Aus einer Bildreportage vom 10. September 1898*
Fotografien von d' Illin und Jacom, Genf
1: Menschenmenge am Ufer des Genfer Sees nach dem Attentat, 18 x 24,1
2: Wartende beim Hotel „Beau-Rivage", 17,5 x 12,4
3: Der Dampfer „Genéve", mit dem die Kaiserin zurückgebracht wurde, 12,9 x 17,9
4: Nach der Todesnachricht vor dem Hotel „Beau-Rivage", 17 x 12,2
Wien, HM, I.N. 16.986/1; I.N. 16.986/5; I.N.16.986/8; I.N. 16.986/10
Abb. (15.1.1; 15.1.4) Seite 212

15.2 *„Neue Freie Presse" vom 10. September 1898, Extra-Ausgabe*
Druck, 47 x 31,7
Wien, HM, I.N. 166.761
Abb. Seite 213

15.3 *Tatwaffe des Anarchisten Luigi Luccheni*
Dreikantfeile mit Holzgriff, L: 16,7, Vitrine mit Holzrahmen 31,5 x 44
Wien, Institut für Gerichtliche Medizin der Universität, I.N. 2.280
Abb. Seite 213

15.4 *Totenmaske Elisabeths*
Fotografie, Abb. Seite 213

Es gilt als verbürgt, daß es sich dabei um eine Aufnahme der authentischen, nicht mehr erhaltenen Totenmaske der Kaiserin handelt.

15.5 *Erhebungsbogen einer österreichischen Behörde zum Fall Luccheni*
Zwei Blatt mit Fotos des Attentäters, 34,5 x 21,5
Wien, HM, I.N. 169.983
Abb. Seite 215

15.6.1–6 *Aus einer Bildreportage vom 14. September 1898*
Fotografien von d' Illin und Jacom, Genf
1: Trauerkundgebung in der Rue Montblanc, 16,8 x 12,4
2: Ehrenabordnung der Schweizer Armee, 12,1 x 16,9
3: Warten am Genfer Bahnhof, 12,9 x 17,8
4: Eintreffen des Leichenwagens am Genfer Bahnhof, 12,4 x 17,2
5: Abschied von der Toten, 12,4 x 17,5
6: Der für die Heimreise Elisabeths bestimmte Waggon, 13,1 x 18
Wien, HM, I.N. 16.986/12; I.N. 16.986/18; I.N. 16.986/13; I.N. 16.986/14; 16.986/22; 16.986/17
Abb. (15.6.4; 15.6.6) Seite 214

15.7 *„La Suisse" vom 15. September 1898*
Zeitung mit Bericht „L'assassinat de l' Imperatrice d'Autriche"
Druck, 64 x 53
Wien, Haus-, Hof- und Staatsarchiv, Karton 168 F 1,Todesfälle 79

15.8 *Aufbahrung der Kaiserin in der Hofburgkapelle*
Fotografie von R. Lechner (W. Müller), 24 x 17,5, 16. oder 17. September 1898
Wien, HM, I.N. 16.974/1
Abb. Seite 214

15.9.1–4 **Trauerzug am 17. September 1898**
Fotografien von R. Lechner (W. Müller)
1: 18 x 24, 2: 18,2 x 24,3, 3: 17,9 x 23,8
4: 18,2 x 24,2
Wien, HM, I.N. 16.974/2; I.N. 16.974/3; I.N. 16.974/4; I.N. 16.974/5
Abb. (15.9.4) Seite 214

Die Aufnahmen des Kondukts entstanden in der Augustinerstraße (Ecke Tegetthoffstraße) und vor dem Eingang in die Kapuzinerkirche.

15.10 **Schwurgerichtssaal in Genf**
Fotografie von d'Illin und Jacom, 11,9 x 14,7, Oktober 1898
Wien, HM, I.N. 16.986/24

15.11 **Staatsanwalt Navazza, der Ankläger im Luccheni-Prozeß**
Fotografie von d'Illin und Jacom, 17,6 x 12,4, Oktober 1898
Wien, HM, I.N. 16.986/26
Abb. Seite 214

15.12 Hieronymus Cairati, **Frieden**
Aus dem Besitz der Kaiserin, Öl auf Leinwand, 258 x 87
Wien, HM, Bestand Hermesvilla (Ah. P.F. 5.315)
Abb. Seite 216

Ich aber breite trauernd aus
Die weiten weissen Schwingen,
Und kehr' ins Feenreich nach Haus –
Nichts soll mich wieder bringen.

An mein Kind, 1888

15.13 Adolf Hirschl-Hirêmy, **Die Seelen am Acheron**
Öl auf Leinwand, 215 x 340, 1898
Wien, Österreichische Galerie Belvedere, I.N. 942
Abb. Seite 217

Bald aber naht ein Bote,
Hermes nennen sie ihn.
Mit seinem Stab regiert er die Seelen:
Wie leichte Vögel,
wie welke Blätter treibt er sie hin.
Du schöner, stiller Gott!
Sieh! Ariadne wartet!

Hugo von Hofmannsthal – Richard Strauss, Ariadne auf Naxos, 1912

13.3 **Hoffnung**
George Frederick Watts, 1885

DATEN ZUR BIOGRAPHIE DER KAISERIN ELISABETH

1837 Elisabeth wird am 24. Dezember in München geboren. Ihre Eltern sind sind Maximilian Joseph (Max), Herzog in Bayern, und Louise Wilhelmine (Ludovika), eine Halbschwester des Königs von Bayern (Ludwig I., Großvater Ludwigs II.) und Tante des späteren Kaisers Franz Joseph von Österreich. Elisabeth hat zunächst zwei Geschwister, fünf jüngere folgen. Der zweitälteste Bruder, Karl Theodor, wählt eine bürgerliche Laufbahn und bringt es als Augenarzt zu großem Ansehen.

1853 Aus Anlaß des bevorstehenden Kaiser-Geburtstages Festball in Bad Ischl (17. August). Unter den Gästen befinden sich Herzogin Ludovika und ihre Töchter Helene und Elisabeth. Am darauffolgenden Tag inoffizielle Verlobung Kaiser Franz Josephs mit Elisabeth, am 19. August offizielle Verlobung. In den Monaten Oktober und Dezember Besuche Franz Josephs in München und im am Starnberger See gelegenen Sommersitz der Familie Elisabeths, Schloß Possenhofen.

1854 Abreise Elisabeths nach Wien am 20. April, am 24. Trauung in der Augustinerkirche. In den Monaten Mai bis Juli Flitterwochen in Laxenburg, Reise nach Böhmen und Mähren, Beginn des alljährlichen Sommeraufenthalts der kaiserlichen Familie in Bad Ischl.

1855 5. März: Sophie, das erste Kind des Kaiserpaares, wird geboren. Im Sommer Besuch Elisabeths in Possenhofen.

1856 15. Juli: Geburt des zweiten Kindes Gisela. In der zweiten Jahreshälfte fährt Franz Joseph in Begleitung seiner Gemahlin in die Steiermark, nach Kärnten und nach Oberitalien.

1857 Reise von Oberitalien über Wien nach Ungarn. Dort stirbt am 29. Mai Sophie, die ältere der beiden Töchter.

1858 21. August: Geburt des Thronfolgers, Kronprinz Rudolf, in Laxenburg.

1859 Im Jänner begleitet Elisabeth ihre Schwester Marie, Gemahlin des Kronprinzen und späteren Königs von Neapel und Sizilien, bis nach Triest. Am 29. Mai verläßt Franz Joseph Wien, um trotz ausdrücklicher Mißbilligung Elisabeths am italienischen Feldzug teilzunehmen.

1860 Im Sommer Besuch der Kaiserin in Possenhofen. Wegen ihres seit Monaten schlechten Gesundheitszustandes reist sie im November nach Madeira.

1861 Nach dem Fall der Festung Gaeta (13. Februar) fliehen der König und die Königin von Neapel und Sizilien nach Rom. Elisabeth befindet sich bis Ende April auf Madeira, dann folgen weitere Reisen, unter anderem nach Gibraltar und nach Korfu. Nach einem kurzen Wien-Aufenthalt fährt die Kaiserin im Juni nach Triest, von dort nach Korfu, von dort im Oktober nach Venedig.

1862 Mitte Mai reist Elisabeth von Venedig nach Reichenau an der Rax, Anfang Juni zur Kur nach Kissingen, ein Monat später nach Possenhofen. Nach ihrer Rückkehr nach Österreich wohnt sie in Wien oder Reichenau, im September einige Tage in Passau.

1863 Die Kaiserin konzentriert sich auf das Erlernen der ungarischen Sprache. Seit April beschäftigt sie eine am Wiener Burgtheater tätige Coiffeuse, die auf die Herstellung kunstvoller Flechtfrisuren spezialisiert ist. Im den Monaten Juni bis Juli wird die Kur in Kissingen wiederholt.

1864 Sommer-Aufenthalt in Kissingen und Possenhofen.

1865 Reisen nach Dresden, München, Kissingen.

1866 Elisabeth befindet sich oft in Ungarn.

1867 Reisen nach München, Zürich, Regensburg, Possenhofen und Schaffhausen. Am 8. Juni Krönung des Kaiserpaares zum König und zur Königin von Ungarn.

1868 In Ungarn bringt Elisabeth ihr letztes Kind, Marie Valerie, zur Welt (22. April). Nach einigen in Garatshausen am Starnberger See verbrachten Wochen fährt sie nach einem kurzen Wien-Aufenthalt abermals nach Ungarn.

1869 Reisen nach Garatshausen und Rom.

1870 Elisabeth verbringt ihre Zeit hauptsächlich in Rom und Ungarn. Herbst-Reise nach Meran.

1871 Mit Ausnahme der Monate Juni bis September befindet sich die Kaiserin zumeist in Meran.

1872 Elisabeth bevorzugt weiterhin Meran. Am 28. Mai, wenige Wochen nach der Verlobung ihrer Enkelin Gisela, stirbt Erzherzogin Sophie, die Mutter des Kaisers.

1873 Am 20. April heiratet Gisela, die älteste Tochter des Kaiserpaares, Prinz Leopold von Bayern. Elisabeth ist länger als in den Jahren zuvor in Österreich anwesend, sie repräsentiert bei der Wiener Weltausstellung und anläßlich des fünfundzwanzigjährigen Regierungsjubiläums des Kaisers.

1874 Im Jänner nach München, im Juli über Straßburg und Le Havre nach England (Isle of Wight). Rückreise Ende September über Boulogne, Baden-Baden und Possenhofen. Reittraining in Pardubitz.

1875 Während eines Aufenthalts in der Normandie schwerer Reitunfall Elisabeths (11. September). Rückreise über Paris und München.

1876 Von März bis Anfang April Teilnahme an in England veranstalteten Reitjagden, im September Reise nach Korfu.

1877 Die Kaiserin forciert ihr Reittraining, bevor sie sich im Dezember abermals nach England begibt.

1878 Am 8. März stirbt Erzherzog Franz Karl, der Vater des Kaisers. Im Sommer fährt Elisabeth nach Tegernsee, wo Anfang September die Goldene Hochzeit ihrer Eltern gefeiert wird.

1879 Im Februar reitet Elisabeth erstmals in Irland. Zwei Monate später wird in Wien die Silberne Hochzeit des Kaiserpaares festlich begangen.

1880 Während der Rückkehr von ihrer zweiten Jagdreise nach Irland fährt Elisabeth über London und Windsor nach Brüssel, wo sich Anfang März Kronprinz Rudolf mit Prinzessin Stephanie verlobt hat.

1881 Jagdaufenthalt in England, Rückreise über Paris. Am 10. Mai Hochzeit des Thronfolgers Rudolf in der Wiener Augustinerkirche.

1882 Abermals Jagdreise nach England mit Rückkehr über Paris. Baubeginn der Hermesvilla im Lainzer Tiergarten bei Wien. Im September begleitet Elisabeth Franz Joseph auf seiner Fahrt nach Dalmatien.

1883 Reise nach Baden-Baden, Ausflüge nach Heidelberg.

1884 Aufenthalt in Wiesbaden und Heidelberg. Dort trainiert die Kaiserin ihre Kondition während ausgedehnter Wanderungen und beim Fechttraining. Anfang Mai Beginn einer mehrwöchigen Kur in Amsterdam.

1885 Im März Wiederholung der Kur. Nach Amsterdam längerer Aufenthalt in Heidelberg. Im August begleitet Elisabeth Franz Joseph zur Zusammenkunft mit dem Zaren in Kremsier. Sie liest sehr viel, beschäftigt sich aber auch mit dem Verfassen eigener Lyrik und nimmt sich dafür den deutschen Romantiker Heinrich Heine zum Vorbild. Ebenso wünscht sie, die Schauplätze der Heldenepen Homers zu sehen, und begibt sich im Oktober auf ihre erste große Orient-Reise.

1886 Im Februar fährt die Kaiserin nach Triest, verzichtet aber wegen einer plötzlichen Erkrankung des Kronprinzen auf die geplante Seereise. Anschließend Aufenthalt in Baden-Baden. Im Mai Besichtigung der inzwischen fertiggestellten Hermesvilla. Als König Ludwig II. von Bayern am 13. Juni im Starnberger See ertrinkt, befindet sich seine Cousine Elisabeth am anderen Ufer des Sees, in Feldafing. Mitte August besucht das Kaiserpaar Fürst Bismarck, der sich zu diesem Zeitpunkt in Badgastein aufhält.

1887 Rheumakur in den Herkulesbädern von Mehadia bei Temesvár (April), Besuch beim König und der Königin von Rumänien auf Schloß Pelesch (Mai). Nach der Rückkehr wohnt die Kaiserin erstmals in der Hermesvilla. Im Juli England-Reise (Seebad Cromer in Norfolk), auf dem Hinweg Besuch bei der Schwester des Dichters Heine in Hamburg. Im August nach Bad Kreuth am Tegernsee. Etwa gleichzeitig entschließt sich Elisabeth zur Übernahme des Protektorats für das in Düsseldorf geplante Heinrich Heine-Denkmal. Die im Vorjahr aufgeschobene Seereise nach Griechenland wird im Oktober/November nachgeholt, längerer Aufenthalt auf Korfu.

1888 Von März bis April in London und Bournemouth, Rückkehr über München. Im August Besuch der Wagner-Festspiele in Bayreuth, danach nach Bad Kreuth. Im Oktober/November Griechenland-Reise. Elisabeth beginnt mit dem Studium des Alt- und Neugriechischen. Sie wünscht sich ein Schloß auf Korfu und trifft die für die Errichtung dieses Gebäudes notwendigen Entscheidungen. Gleichzeitig beendet sie ihre Arbeit am poetischen Tagebuch. Herzog Max, Elisabeths Vater, stirbt im November, im Dezember verlobt sich Marie Valerie mit Erzherzog Franz Salvator.

1889 Aus politischen Gründen verzichtet die Kaiserin auf eine weitere Unterstützung des Düsseldorfer Denkmalprojekts. 30. Jänner: Tod des Kronprinzen Rudolf in Mayerling. Reisen nach Wiesbaden (April/Mai), Feldafing (Juli), Meran (September/Oktober). Anschließend nach Korfu, Palermo, Malta, Tunis, München und Triest (Schloß Miramare).

1890 Im März nach Wiesbaden und Heidelberg, im Mai nach Regensburg. Marie Valerie heiratet am 31. Juli in Bad Ischl. Im August fährt Elisabeth nach Vlissingen. Nach Aufenthalten in England (Isle of Wight) und Paris Schiffsreise (Arcachon – La Coruña – Oporto – Lissabon – Gibraltar – Tanger – Oran – Tenéz – Algier – Korsika – Marseille – Toulon – Hyéresinseln – Cannes – Monaco – Mentone – Livorno – Florenz – Pompeji – Capri – Neapel – Korfu – Triest/Schloß Miramare).

1891 Im Februar nach München, im März nach Korfu, Korinth, Athen, Sizilien, im Sommer nach Feldafing, danach nach Triest und Korfu. Dort ist inzwischen Elisabeths Schloß Achilleion bezugsfertig. Im November nach Kairo, dann wieder nach Korfu.

1892 Im Jänner stirbt Herzogin Ludovika, Elisabeths Mutter. Marie Valerie bekommt ihr erstes Kind, eine Tochter namens Elisabeth. Im März nach Schloß Miramare, von hier nach Korfu. Besuch in Athen. Im Juni zur Kur nach Karlsbad, danach über Bayern in die Schweiz (Zürich, Kaltbad-Rigi, Luzern). Im Winter nach Sizilien und Spanien (Balearen, Valencia, Malaga, Granada).

1893 Sevilla, Cádiz, Gibraltar, Mallorca, Barcelona. Danach an die Riviera, von dort nach Turin. Reise in die Schweiz (Genf, Territet), dann an den Como-See, nach Mailand, Genua, Neapel und Venedig. Im November nach Schloß Miramare, im Dezember nach Algier und Madeira.

1894 Von Madeira nach Alicante, Cap Martin und in die Schweiz. Im Juni nach Madonna di Campiglio, im September nach Korfu. Anfang Dezember über Triest nach Algier.

1895 Cap Martin, Korsika, Korfu, Venedig. Im Juni nach Bayern, dann zur Kur nach Bartfeld. Im September Kur in Aix-les-Baines, dann nach Genf und Territet. Im November nach Cap Martin.
1896 Cannes, Neapel, Sorrent, Korfu. Im Mai bei den Milleniumsfeiern in Budapest. Im Juli nach Bayern, im November nach Südfrankreich.

1897 Biarritz, Cap Martin, Territet. Von Mai bis Juli Kuraufenthalt in Bad Kissingen und Langenschwalbach. Im September Kur in Meran, ab November Biarritz, Paris, Marseille, San Remo.

1898 Von San Remo nach Territet. Kur in Bad Kissingen und Bad Brückenau. Im Juli über München nach Bad Nauheim, dann über Homburg und Frankfurt in die Schweiz (Territet, Caux, Genf).

10. September: Kaiserin Elisabeth bleibt bis gegen 11 Uhr im Genfer Hotel „Beau-Rivage". Nachdem sie Geschenke für die Enkelkinder eingekauft hat, kehrt sie zurück. Um 13 Uhr 35 verläßt sie abermals das Hotel, um mit dem Linienschiff (planmäßige Abfahrt 13 Uhr 40) nach Caux zu fahren. Auf dem Weg zur Anlegestelle des Dampfers wird sie von einem Unbekannten attackiert. Bereits an Bord, verliert sie das Bewußtsein. Der Kapitän läßt wenden, Elisabeth wird ins Hotel zurückgebracht und stirbt dort um 14 Uhr 40. Kurz nach dem Überfall gelingt die Verhaftung des Attentäters. Seine Waffe, eine messerscharf zugeschnittene Feile, wird in der Nähe des Tatorts gefunden.

14. September: Trauerkundgebung in Genf. Eine Ehrenabordnung der Schweizer Armee begleitet den Leichnam zu dem inzwischen aus Wien eingetroffenen Zug. Dieser verläßt am selben Tag die Stadt.

15. September: Um 22 Uhr Ankunft am Wiener Westbahnhof. Überführung des Leichnams in die Hofburgkapelle.

17. September: Am Nachmittag bewegt sich der Begräbniszug über den Inneren Burghof, den Michaeler- und Josefsplatz, durch die Augustiner- und Tegetthoffstraße zum Neuen Markt. Nach der Einsegnung in der Kapuzinerkirche wird die Kaiserin in der Gruft beigesetzt.

10. Oktober: Der Prozeß gegen Luigi Luccheni, den Mörder der Kaiserin, wird eröffnet. Luccheni, ein Anarchist italienischer Abstammung, nennt seine Tat politisch motiviert. Zu lebenslanger Kerkerhaft verurteilt, verbringt er die folgenden Jahre im Genfer Gefängnis. Im Oktober 1910 endet er durch Selbstmord, ausgeführt durch Erhängen.

Achillio. Geschichte und Legende. Korfu 1992.

Ulrich Graf Arco-Zinneberg / Willie Kroupa (Hg.): Habsburger Frauen im Kaisertum Österreich. Schloß Artstetten 1995.

Gertrude Aretz: Kaiserin Elisabeth von Österreich in zweihundert Bildern. Wien, Leipzig 1938.

Nicole Avril: Elisabeth. Porträt einer Kaiserin. Ein biographischer Roman. München 1995.

John Barnes: Evita Perón. Macht und Mythos. München 1997.

Günther Berger: Die Kaiserin-Elisabeth-Gedächtniskapelle in der Kaiser-Jubiläums-Kirche Franz von Assisi und andere Denkmale für die Monarchin in Wien. In: Studien zur Wiener Geschichte. Jahrbuch des Vereins für Geschichte der Stadt Wien 1987.

Ulrich Bischoff: Edvard Munch 1863–1944. Köln 1988.

Friedrich von Boetticher: Malerwerke des neunzehnten Jahrhunderts. Dresden 1895.

Peter Bloch / Waldemar Grzimek: Das klassische Berlin. Die Berliner Bildhauerschule im neunzehnten Jahrhundert. Frankfurt/Main, Berlin, Wien 1978.

Jean de Bourgoing (Hg.): Briefe Kaiser Franz Josephs an Frau Katharina Schratt. Wien, München 1964.

Elisabeth Bronfen: Nur über ihre Leiche. Tod, Weiblichkeit und Ästhetik. München 1996.

Josef Cachée: Die Hofküche des Kaisers. Die k.u.k. Hofküche, die Hofzuckerbäckerei und der Hofkeller in der Wiener Hofburg. Wien, München 1985.

Josef Cachée / Gabriele Praschl-Bichler: „...von dem müden Haupte nehm' die Krone ich herab." Kaiserin Elisabeth privat. München, Berlin 1995.

Lewis Carroll: Alice hinter den Spiegeln. Frankfurt/Main 1974.

Raymond Chevrier: Sissi. Das Leben der Kaiserin Elisabeth von Österreich. Stuttgart 1987.

Gabriele Christen: Die Bildnisse der Kaiserin Elisabeth. In: Elisabeth von Österreich. Momente aus dem Leben einer Kunstfigur. Wien 1992.

Constantin Christomanos: Das Achilles-Schloss auf Corfu. Wien 1896.

Catherine Clement: Sissi. L'imperatrice anarchiste. Paris 1992.

Egon Caesar Conte Corti: Elisabeth von Österreich. Tragik einer Unpolitischen. Graz, Wien, Köln 1995.

Julius Deininger: Hermesvilla in Lainz. In: J. Schnitzer (Hg.): Franz Joseph I. und seine Zeit, Bd. 1. Wien, München 1898.

Robert L. Delevoy: Journal du Symbolisme. Genf 1977.

Françoise Ducros: Klimt. Paris 1992.

Alicia Dujovne Ortíz: Evita Perón. Die Biographie. Berlin 1997.

Klaus Eggert: Die Hermesvilla im Lainzer Tiergarten bei Wien. In: Alte und moderne Kunst, Jg. 8, Heft 66. Wien 1963.

Christian Enzensberger: Viktorianische Lyrik. Tennyson und Swinburne in der Geschichte der Entfremdung. München 1969.

Evita. Bilder eines Lebens. Berlin 1997.

Rossella Fabiani: Schloß Miramare. Das historische Museum. Triest 1989.

Doris Falkenau: Auf Sisis Spuren in Madeira. Eine Reiselektüre. Wien 1996.

Gerhard Fink: Who's who in der antiken Mythologie. München 1993.

Lisa Fischer: Schattenwürfe in die Zukunft. Kaiserin Elisabeth und die Frauen ihrer Zeit. Wien, Köln, Weimar 1998.

Gerbert Frodl: Hans Makart. Salzburg 1974.

Michael Gibson: Symbolismus. Köln 1995.

John Grant: Die Mythologie der Wikinger. Hamburg o.J.

Konstantin von Grunwald: Ludwig II. Die dramatische Geschichte eines Märchenkönigs. Genf, Paris 1986.

Beatrix Hajós: Die Schönbrunner Schloßgärten. Eine topographische Kulturgeschichte. Wien, Köln, Weimar 1995.

Brigitte Hamann (Hg.): Elisabeth. Bilder einer Kaiserin. Wien, München 1982.

Dies.: Elisabeth. Kaiserin wider Willen. München 1982.

Dies.: Rudolf. Kronprinz und Rebell. München 1997.

Dies. (Hg.): Kaiserin Elisabeth. Das poetische Tagebuch. Wien 1984.

Dies. (Hg.): Meine liebe gute Freundin! Die Briefe Kaiser Franz Josephs an Katharina Schratt. Wien 1992.

Dies.: Sissi. Kaiserin Elisabeth von Österreich. Köln 1997.

Dies./ Werner Bokelberg (Hg.): Sisis Familienalbum. Private Photographien aus dem Besitz der Kaiserin Elisabeth. Dortmund 1980.

Dies./ Elisabeth Hassmann (Hg.): Elisabeth. Stationen ihres Lebens. Wien, München 1998.

Ulrike von Hase: Joseph Stieler 1781–1858. Sein Leben und sein Werk. München 1971.

Joan Haslip: Die Freundin des Kaisers. Franz Joseph von Österreich und die Schauspielerin Katharina Schratt. München 1991.

Dies.: Sissi. Kaiserin von Österreich. Köln 1994.

Heinrich Heine's Sämmtliche Werke, hg. von Gustav Karpeles, 12 Bände, Hamburg: Hoffmann & Campe, 1876.

Heinrich Heine. Werke, hg. von Manfred Windfuhr, Hamburg: Hoffmann & Campe, 1973 ff.

Günther Heinz: Studien über Jan van der Hoecke und die Malerei der Niederländer in Wien. In: Jahrbuch der kunsthistorischen Sammlungen in Wien, Bd. 63. Wien 1967.

Verena von der Heyden-Rynsch (Hg.): Elisabeth von Österreich. Tagebuchblätter von Constantin Christomanos. München 1983.

Lothar Hönnighausen: Präraffaeliten und Fin de Siècle. Symbolistische Tendenzen in der englischen Spätromantik, München 1971.

Hans H. Hofstätter: Geschichte der europäischen Jugendstilmalerei. Köln 1963.

Ders.: Symbolismus und die Kunst der Jahrhundertwende. Köln 1965.

Robert Holzschuh (Hg.): Sisi. Die letzte Griechin. Kaiserin Elisabeth auf Korfu. Aschaffenburg/Main 1996.

Jeffery W. Howe: The Symbolist Art of Fernand Khnopff. Chicago 1979.

Brigitte Hüfler: Ernst Herter 1846–1917. Werk und Portrait eines Berliner Bildhauers. Phil. Diss. Berlin 1978.

Albert Ilg: Die kaiserliche Villa im Thiergarten. In: Mittheilungen des k.k. Oesterreichischen Museums für Kunst und Industrie, N.F., Jg. 1–2, Nr. 20–21. Wien 1886/87.

C.G. Jung, Marie-Louise von Franz (Hg.): Der Mensch und seine Symbole. Olten 1968.

Eugen Kalkschmidt: Moritz von Schwind: Der Mann und das Werk. München 1943.

Robert A. Kann / Peter Leisching (Hg.): Eduard Leisching (1858 –1938) – Ein Leben für Kunst und Volksbildung. Erinnerungen. Wien 1978.

Andrea Kettenmann: Frida Kahlo 1907–1954. Leid und Leidenschaft. Köln 1992.

Henning Klüver: Sissi. Die rebellische Kaiserin. Reinbek bei Hamburg 1996.

Bernd Kortländer (Hg.): Heinrich Heine. Gedichte. Stuttgart 1993.

Joseph A. Kruse: Heine und Düsseldorf. Düsseldorf 1984.

Georg Kugler: Die Wagenburg in Schönbrunn. Hofwagenburg. Reiche Sattel- und Geschirrkammer der Kaiser von Österreich. Graz 1977.

Georg Kugler: Franz Joseph und Elisabeth. Florenz 1994.

Kunst des 19. Jahrhunderts. Bestandskatalog der Österreichischen Galerie in Wien. Bd. 1: A–E, Bd. 2: F–K. Wien 1992/93.

Hermann Mailler: Frau Schratt. Ein Lebensbild. Wien 1947.

George O. Marshall, Jr.: A Tennyson Handbook. New York 1963.

Tomás Eloy Martínez: Santa Evita. Frankfurt/Main 1996.

Ludwig Merkle: Sissi. Die schöne Kaiserin. München 1996.

Mittheilungen des k.k. Oesterreich. Museums für Kunst und Industrie. Oktober 1894 Wien.

Peter Müller (Hg.): Das Land der Griechen. Aus dem Reisetagebuch des Alexander von Warsberg. Ästhetischer Reisemarschall der Kaiserin Elisabeth. St. Pölten, Wien 1984.

Christian M. Nebehay: Ver Sacrum 1898 –1903. Wien 1981.

Gilles Néret: Gustav Klimt 1862–1918. Köln 1992.

Fritz Novotny / Hubert Adolph: Max Kurzweil. Ein Maler der Wiener Sezession. Wien 1969.

Giorgio Pilastro / Gavino Isoni: Miramare. Das Schloß von Maximilian und Charlotte. Triest o.J.

Edgar Allen Poe: Poetry and Tales. New York 1984.

Griselda Pollock: Vision & Difference. Feminity, Feminism and the Histories of Art. London, New York 1988.

Gerhard Pommeranz-Liedtke: Moritz von Schwind. Maler und Poet. Wien, München 1974.

Nicolas Powell: The Sacred Spring. The Arts in Vienna 1898–1918. Genf 1974.

Gabriele Praschl-Bichler: Das Familienalbum von Kaiser Franz Joseph und Elisabeth. Wien 1995.

Dies.: Kaiserin Elisabeth. Mythos und Wahrheit. Mit Kommentaren von Gerti Senger und Walter Hoffmann. Wien 1996.

Barbara Rommé: Moritz von Schwind. Fresken und Wandbilder. Karlsruhe 1996.

Carel J. Du Ry: Völker des Alten Orient. Baden-Baden 1974.

Linde Salber: Frida Kahlo. Reinbek bei Hamburg 1997.

Martha Schad: Kaiserin Elisabeth und ihre Töchter. München 1997.

Rudolf Schmidt: Das Wiener Künstlerhaus. Eine Chronik 1861–1951. Wien 1951.

György Sebestyén: Burgtheater-Galerie. Wien 1976.

Chris Stadtlaender: Sisi. Die geheimen Schönheitsrezepte der Kaiserin und des Hofes. München 1996.

Júlia Szabó: Die Malerei des 19. Jahrhunderts in Ungarn. Békéscsaba 1988.

Emerich von Szalay: Katalog des Königin Elisabeth Gedenkmuseums. Budapest 1907, 4. Auflage 1913.

Irma Gräfin Sztáray: Aus den letzten Jahren der Kaiserin Elisabeth. Wien 1909.

Tennyson. Poems. Selected by W.E. Willams, London 1985.

Johannes Thiele: Elisabeth. Das Buch ihres Lebens. München 1996.

Juliane Vogel: Elisabeth von Österreich. Momente aus dem Leben einer Kunstfigur. Wien 1992.

Maria Freiin von Wallersee (Hg.): Meine Vergangenheit. Wahrheit über Kaiser Franz Josef / Schratt / Kaiserin Elisabeth / Andrassy / Kronprinz Rudolf / Vetsera. Berlin 1913.

Susanne Walther / Renata Kassal-Mikula / Gunther Martin: Hermesvilla – Lainzer Tiergarten. Wien 1986.

Susanne Walther: Die Hermesvilla – neuere Forschungsergebnisse. In: Wiener Geschichtsblätter, Jg. 40, Heft 2 – 3, Jg. 41, Heft 3, Jg. 42, Heft 1. Wien 1985 ff.

Franz Carl Weidmann, Wien's Umgebungen – Historisch-malerisch geschildert – 10 Ausflüge. Wien 1823.

John Welcome: Die Kaiserin hinter der Meute. Elisabeth von Österreich und Bay Middleton. Wien, Berlin o. J.

Christoph Martin Wieland: Oberon. Ein romantisches Heldengedicht in zwölf Gesängen. Stuttgart 1990.

Wiener Kommunal-Kalender und Städtisches Jahrbuch. Wien 1863 ff.

Gotthart Wunberg (Hg.): Die Wiener Moderne. Literatur, Kunst und Musik zwischen 1890 und 1910. Stuttgart 1981.

Michael F. Zimmermann: Seurat. Antwerpen 1991.

Ausstellungskataloge

Alfred Kubin. Leben. Ein Abgrund. Wien, München 1985.

alles jagd...eine Kulturgeschichte. Ferlach 1997.

Anselm Feuerbach 1829–1880. Gemälde und Zeichnungen. Karlsruhe 1976.

Anton Romako 1832–1889. Ein Maler der Wiener Ringstraßenzeit. Wien 1992.

Arnold Böcklin 1827–1901. Düsseldorf 1974.

austria im rosennetz. Wien 1996.

Costumes à la cour de Vienne, 1815–1918. Paris 1995.

Das Zeitalter Kaiser Franz Josephs. Schloß Grafenegg 1984, 1987.

Der Außenseiter Anton Romako 1832–1889. Ein Maler der Wiener Ringstraßenzeit. Wien 1992.

Der Traum vom Glück. Die Kunst des Historismus in Europa. Wien 1996.

Die deutschen Zeichnungen des 19. Jahrhunderts. Karlsruhe 1978.

Die Frauen der Habsburger. SchloßHof und Schloß Niederweiden 1995.

Eduard von Engerth. 1818–1897. Wien 1997.

Edvard Munch. Holzschnitte Radierungen Lithographien. Tegernsee 1996.

Elisabeth – Erzsébet. Majestät, Mensch und Mythos. SchloßHof und Schloß Niederweiden 1993.

Elisabeth. Kaiserin von Österreich und Königin von Ungarn 1837 – 1898. Schloß Ebelsberg 1983.

Elisabeth: Königin von Ungarn. Eisenstadt 1991.

Elisabeth von Österreich. Einsamkeit, Macht und Freiheit. Wien 1986.

Emilie Flöge und Gustav Klimt. Doppelporträt in Ideallandschaft. Wien 1989.

Erzsébet – Elisabeth. Die Königin von Ungarn. Budapest 1992.

Ethos und Pathos. Die Berliner Bildhauerschule 1786–1914. Berlin 1990.

Franz von Matsch. Ein Wiener Maler der Jahrhundertwende. Wien 1981.

Grenzenlos idyllisch. Garten und Park in Bildern von 1880 bis heute. Halbturn 1992.

Gustav Klimt. Zeichnungen aus amerikanischem Privatbesitz ausgewählt von Serge Sabarsky und aus den Beständen des Historischen Museums der Stadt Wien. Wien 1984.

Gustav Klimt. Zeichnungen 1880–1917. Ausgewählt von Serge Sabarsky. Aus amerikanischem Privatbesitz und Beständen des Historischen Museums der Stadt Wien. Hannover 1984.

Het Symbolisme in Europa. Rotterdam, Brüssel, Baden-Baden, Paris 1975–1976.

„Ich Narr des Glücks". Heinrich Heine 1797–1856. Bilder einer Ausstellung. Stuttgart, Weimar 1997.

Jagdzeit. Österreichs Jagdgeschichte – Eine Pirsch. Wien 1997.

Kaiser Franz Joseph von Österreich oder Der Verfall eines Prinzips. Wien 1980.

Kultobjekte der Erinnerung. Wien 1994.

Kunst in Wien um 1900. Die andere Seite. Halbturn 1987.

Max Kurzweil 1867–1916. Wien 1965.

Moritz von Schwind: Meister der Spätromantik. Karlsruhe, Leipzig 1997.

Rudolf. Ein Leben im Schatten von Mayerling. Wien 1989.

Sehnsucht nach Glück. Wiens Aufbruch in die Moderne: Klimt, Kokoschka, Schiele. Frankfurt/Main 1995.

Uniform und Mode am Kaiserhof. Hofkleider und Ornate, Hofuniformen und Livreen des 19. Jahrhunderts aus dem Monturdepot des Kunsthistorischen Museums Wien. Eisenstadt 1983.

Ver Sacrum. Die Zeitschrift der Wiener Secession 1898–1903. Wien 1982.

Vindobona – Die Römer im Wiener Raum. Wien 1977.

Von Delacroix bis Munch. Künstlergraphik im 19ten Jahrhundert. Münster, 1978

Wien 1850–1900. Welt der Ringstraße. Wien 1973.

Wien um 1900. Wien 1964.

Wiener Stilkunst um 1900. Zeichnungen und Aquarelle im Besitz des Historischen Museums der Stadt Wien. Wien 1979.

EMPRESS ELISABETH. "NO TEARS SHALL BE SHED ..."

1 O TAKE ME WITH YOU TO THAT DISTANT LAND ...

Thus wrote Elisabeth, Princess of Bavaria, about her 'Dream Prince', Emperor Franz Joseph. He had fallen in love with the pretty princess at Bad Ischl in August 1853. It was love at first sight and, to the surprise of everyone present at the time, they became engaged immediately. Sisi was the niece of the Emperor's mother, the Archduchess Sophie, whom she resembled, and this fact presumably made her especially attractive to the Emperor. Furthermore, his cousin corresponded to the contemporary ideal of the 'nymph and angel', and equally to the general male conception of what constituted a suitable companion for life. "What lovely, gentle eyes she has," enthused Franz Joseph to his mother, "this physical attraction, this exuberance, so girlish and yet so sweet!"

O swallow, let me borrow your wings,
Take me with you to that distant land,
How blissfully did I burst all reins,
How deliciously break every binding band!
To float there with you freely above
In the heavens' eternally blue vault
How I longed to praise with ardent love
That god which we do freedom call.

Engagement and marriage

1853

17th August: Festive ball to celebrate the Emperor's birthday held in Bad Ischl. Among the guests are an aunt of Emperor Franz Joseph of Austria, Duchess Ludovika of Bavaria, and her daughters Helene and Elisabeth.
18th August: Unofficial engagement of the Emperor and Elisabeth (born 1837), the younger of the two cousins.
19th August: Official engagement. The celebrations held afterwards in Bad Ischl last until 31st August.
24th August: Announcement of the engagement in the *Wiener Zeitung*.
October: The Emperor visits Munich and also Possenhofen Palace, the summer residence of Elisabeth's family, situated on Lake Starnberg.
December: The Emperor visits Munich again.

1854

20th April: Elisabeth starts her journey to Vienna.
21st April: Arrival in Linz, the capital of the Province of Upper Austria, where

she spends the night in the Landhaus, seat of theprovincial government.
22nd *April*: Elisabeth continues her journey on the paddle steamer, the *Franz Joseph*, landing at Nussdorf in Vienna. Court gala dinner in Schönbrunn Palace.
23rd *April*: Traditional entry of the Emperor's bride into Vienna, the Imperial capital and city of residence. Welcoming address in the Hofburg.
24th *April*: Wedding ceremony in the Church of the Augustines. Reception and audience in the Hofburg. The city is festively illuminated.
25th-30th *April*: Numerous events are held, among them a Court ball (27th), a festival in the Prater park (29th) and a ball given by the City of Vienna.
May-July: Honeymoon in Laxenburg Palace. Journey to Moravia and Bohemia. Start of the Imperial family's annual summer sojourn at Bad Ischl.

2 I WANDER THERE IN A FOREST FULL OF DREAMS

The "distant land" belonging to the Emperor of Austria was not able to meet Elisabeth's expectations. In her poetry, for which she took the German Romantic poet Heinrich Heine (1797-1856) as her model, she became a self-styled ruler of an 'other world', comparable to the mythical Avalon. There she reigned as Titania, Queen of the Fairies and wife of Oberon, the King of the Elves, well-known from medieval legend. At the Hermes Villa, surrounded by the idyllic landscape of the Vienna Woods, the reality of everyday life remained "beyond the door of the magic wood" and the Lainzer Tiergarten became her "magic place, concealed and invulnerable". Elisabeth's image of herself as the Queen of the Fairies recalls above all Diana, the shy goddess of the forest and of animals.

Thou life so quiet beneath the lofty trees,
Where unperceived the hours quickly pass!
I wander there in a forest full of dreams
Oblivious that my years are fleeing so fast.

To Future Souls, 1887

Titania wanders beneath the lofty trees
And blossoms white are strewn along her way,
The beech trees all around, old oaks in leaf,
The wood is like a cathedral sacred to May (...).

Titania and Alfred, III, 1888

3 AS ARIADNE ONCE, FORSAKEN TODAY LINGERS TITANIA

What Elisabeth liked best about William Shakespeare's *A Midsummer Night's Dream*, which she declared to be her favourite play, was the power struggle between Oberon and Titania, their mutual jealousy and Titania's relationship to her lover with the ass's head. However, the Empress wrote a quite different story about Oberon's wife: she transferred the ass's head to the King of the Elves, dispensed with Titania's reconciliation with the latter and endowed her with the attributes of Ariadne, a familiar Romantic stereotype for female melancholy, with a predisposition to suffering.

As Ariadne once, forsaken today
lingers Titania on the high cliff alone,
The sun seeks now to pale its final ray,
High up in the aether the first star's light has shone, (...)
Titania stares immobile into the distance
With moistened eye, who gains there now admittance?

Titania and Alfred, final stanza, 1888

On luscious summer nights
by the full moon's sultry glow
I often thought: "This one's right!"
And rejoiced that it was so.

Yet always at break of day,
Pressed to my heart so warm,
I saw with fright and dismay
The ass's head upon my arm.

Titania's Complaint, 1885

4 AT LAST TITANIA NOW CAN FLEE

A journey to Madeira in 1860 signalised the start of numerous sojourns abroad. Being confronted with things new and foreign provided Elisabeth with diversion and change and her continuous preoccupation with herself lost some of its intensity. The Empress was thus able to feel herself doubly liberated: from her Viennese "prison palace" on the one hand and from her own inner compulsions on the other.

At last Titania now can flee,
By all the guests unseen, unheard,
Sunk in their own gestures and words,
Luckily for her, they let her be.

On a Visit to Pelesch Palace (Romania), 1887

Yes I shall build a ship for me!
Prettier than any you'll ever see (...)
Freedom at its mast will fly
Freedom on its prow so high (...)
See then if all your constant telegraphs
will drag me back to court for feast or dance
at the prison palace at your behest;
The seagull catches its fish when it will,
In waters cloudy, or clear and still;
Hurrah, we're free, we've flown the nest!

Liberty, 1887

Elisabeth's travels in the years 1860–1888

1860 In November via Munich, Bamberg and Mainz to Antwerp. From there with the Royal British yacht *Victoria and Albert* to Madeira.
1861 From the end of April Cadiz, Seville, Gibraltar, Mallorca, Corfu, Trieste (Miramare). In June via Trieste once again to Corfu, in October to Venice.
1862 Until mid-May in Venice, at the start of June to the health resort of Kissingen, one month later to Possenhofen. A stay in Passau in September.
1863 From June to July in Kissingen.
1864 In June to Kissingen, then to Possenhofen.
1865 In February to Dresden, in March and December to Munich, in July to Kissingen.

1867 In January to Munich, afterwards to Zurich. In June to Regensburg, afterwards to Possenhofen. In August to Zurich, from there to Schaffhausen and Munich.

1868 In August to Garatshausen on Lake Starnberg.

1869 A short sojourn in Zagreb in March. From July to August in Garatshausen. In December to Rome via Miramare.

1870 Mainly in Rome and Hungary. In October to Meran via Salzburg, Kufstein and Innsbruck.

1871 During the first half of the year mainly in Meran. In summer in Bavaria, in October once again in Meran.

1872 Return to Vienna in May, to Possenhofen in September.

1874 In January to Munich. In July to England (Isle of Wight) via Strasbourg and Le Havre. Visits London. End of September return trip via Boulogne, Baden-Baden and Possenhofen. Riding practice in Pardubitz.

1875 In summer in Garatshausen, afterwards in Normandy (Sassetôt les Mauconduits). Stay in Paris, return trip via Munich.

1876 Short stay in London in March, then to Easton Neston, near Towcester. Visit to Windsor. In summer to Possenhofen, followed by Corfu, Athens and Miramare.

1877 To England via Munich in December.

1878 From January to February in Cottesbrook (Northamptonshire). In summer in Bavaria (Lake Tegern).

1879 From February to March in Ireland (Summerhill), in August in Bavaria.

1880 At the beginning of February to Summerhill via Bavaria, in March to London and Windsor. Return trip via Brussels.

1881 In February to England (Cheshire), in March to Liverpool and Windsor. Return journey via Paris. In Garatshausen in July.

1882 To Cheshire in February. In March visit to Windsor, return journey via Paris. In Bavaria in summer, afterwards to Trieste and Dalmatia.

1883 During the first half of the year sojourns in Baden-Baden, Heidelberg and Feldafing (Bavaria).

1884 In March to Wiesbaden, Heidelberg and Frankfurt. Begins a health cure in Amsterdam, lasting several weeks, at the start of May. In Feldafing in July.

1885 Short stay in Miramare. Health cure in Amsterdam in March, staying in Zandvoort. Numerous excursions, including one to England (Ramsgate). In April to Heidelberg, in August to Kremsier. In October long trip to the orient on the yacht *Miramare* (Lissa – Lacroma – Corfu. Patras – Corinth – Zante – Troia – Smyrna – Rhodos – Cyprus – Port Said – Cairo – Alexandria – Ithaca – Corfu). In Miramare for a short while in November.

1886 In February to Miramare, in March to Baden-Baden, in June in Feldafing.

1887 From April to May in Mehadia (near Temesvár) and at Pelesch Palace. In July to Hamburg, from there to England (Cromer in Norfolk and the Isle of

Wight). In August in Bad Kreuth on Lake Tegern. From October to November trip on the yacht *Greif* (Trieste-Albania-Leucadia-Cape of Sappho-Ithaca-Corfu).
1888 From mid-March to mid-April in England (London, Bournemouth), afterwards in Munich. In August to Bayreuth and Bad Kreuth. From October to November a sea journey (Trieste-Missolunghi-Santa Maura-Corfu). To Munich at the end of December.

5 SOLELY FOR OBERON'S SAKE

The image of Elisabeth which was transmitted to the public served Imperial propaganda purposes. It was designed to show that she was a kind-hearted sovereign's wife, an affectionate mother to her children and a wife who was faithful to her husband. Her harmonious family life was demonstrated in lithographs, newspaper illustrations and photomontages put together from individual pictures. In actual fact, with the exception of one single family picture, the Empress was never photographed either with her children or with Franz Joseph and his relatives.

Against my nature, this action I take
Really gives me little pleasure;
I do it solely for Oberon's sake.

Court Chronicle of Queen Titania, 1887

From my tired head and with a sigh
I take this crown I've worn all day;
How many good hours were stolen by
the mace of ceremony today.

Court Ball, 1887

Yet the greatest of all the many joys,
If I were the Dachstein, then would be
That I could escape my relatives' ploys
And they could no more torment me.

Yes, If I were the Dachstein, 1886

FROM THE ESTATE OF THE EMPRESS ELISABETH

On display in the large middle hall on the ground floor are objects used by the Empress, deriving from the collections of the City of Vienna and the Austrian Federal Republic, as well as from private collections. The objects include a court dress made of silk moiré, shoes and textile accessories.

6 ... FLEET-FOOTED ... STRONG AND WILFUL

Elisabeth's dream world was ruled by Achilles, the prototype of the hero in ancient Greek mythology. The idea of emulating his strength, courage and endurance, motivated the Empress to great achievements in sport. With unbending severity towards herself she made herself into an athlete and a fearless horsewoman who went on daring hunts with hounds. In this way she came to personify the negative aspects of the Fairy Queen as described by Heinrich Heine, as well as the merciless and cruel variant of Diana-Artemis as the Wild Huntress. She also saw herself as Achilles' lover, as the beautiful slave Briseis or Penthesilea, the Queen of the Amazons whom he defeated in battle.

I also love him because he was so fleet-footed. He was strong and wilful and despised all kings and traditions (...). He held only his own will for sacred and lived out only his own dreams and his sorrow was more valuable to him than his whole life.

Elisabeth on Achilles, writing to her Greek teacher Christomanos.
Diary of Constantin Christomanos, 1892

In the wood in the moonlight/Of late I saw the elves ride by (...).
The queen, laughing, nodded to me (...)/Was that meant for my new love,
Or does it portend that my death is nigh?

Heinrich Heine, *Elemental Spirits*, 1834

Thrust deep into my heart your spear,/release me from a world,
Which is, without you, so empty, so drear (...)

Achilleus, 1885

Solely the hope of you has kept me alive so far (...) No honour will it bring you, to drive a woman to her death. / Why do you wish to do so? Run me through with the sword yourself (...)

P. Ovidius Naso, *Heroides:* Briseis to Achilles, 142-145

THE DICTATES OF THE SCALES

Elisabeth paid strict attention to her weight. She was 175 cm tall and usually weighed between 48 and 50 kilograms. Her waist measurements of 50 to 52 cm were famous. As soon as there was the slightest sign that she was putting on weight the Empress began excessive hunger cures and at times ate nothing at all except for six oranges a day. Her measurements were taken, together with her weight, up to three times a day and noted in a book. Elisabeth kept herself informed throughout her life about all possible methods of losing weight and tried out hundreds of diets, including milk treatment and sand cures.

Through this voluntary fasting she was able to correspond optimally to her ideal image of the slim athlete, although the slimming cures also allowed her to indulge her passion for going to the limits – and perhaps a step beyond them.

7 THE MASTER DICTATED THEM TO ME

Elisabeth felt drawn to Heinrich Heine in several ways. She felt an affinity with his quick succession of moods, which was also a characteristic of hers, and in her own poetry she imitated his style in the abrupt alternation of pain, irony and matter-of-factness which was so typical of the master, as she called him. After her plans for a Heine monument in Düsseldorf had failed, the Empress had a private Heine monument erected in the park of Achilleion Palace on Corfu.

Dear future soul
I transfer these writings to you. The master dictated them to me and he also determined their purpose, namely that in 60 years time, from the year 1890, they should be published for the benefit of political prisoners and their dependants (...)

Letter from Elisabeth accompanying the literary estate, 1890

To the realm of dreams I hasten,
My master there are thou,
And then my soul rejoices
In cheer, to be with you now.

To my Master, 1887

When life becomes too bitter
And people too painful to bear,
I leap upon my wingéd steed (...)
I flee malicious chatter
And leave the rabble there.

Klingel Song, 1887

8 PALE WITH LOVE AND SILVERY COOL

Titania is a queen of the night. For this reason there is a connection between her and Diana, goddess of the moon and death. The most frequently cited metaphors for the female sphere are the night, the moon and water, as well as seductive water nymphs and dangerous sirens. Enveloped in the "waves of gold" of her hair, the Empress attempted to convey a similar image of herself beyond her poems, in the "other world" of reality.

Through the open cellar door
There glides, pale with silver light
A new and lucid moon that shines
Reflected mystical and bright.

Closer ever closer it glides
Down to the pillow white it falls,
To finally rest upon Titania,
Pale with love and silvery cool.

Titania and the New Moon, 1888

I'd like to die by my hair (...)
Would my being but overflow
In curly silken waves of gold (...)

Wish, 1887

The clusters of dark ringlets
Pour from the braid-crowned head,
Like a blissful night (...)

Heinrich Heine, *The Shipwrecked.* From *The North Sea, II,* 1825/26

9 THE NYMPH WHO SCOOPS THE WATER UP... TO GRANT ME BEAUTY AND YOUTHFUL LIFE

All water women possess the advantage of eternal youth and beauty. Since these two qualities were the main objects of Elisabeth's longings, she refused in later years to sit as a model for painters or to allow photographs to be taken of her. Instead, she collected portraits of her beloved daughter Marie Valerie. Elisabeth wanted the young girl ("So like a nymph all scented white"), to recapture her mother's ideal and embody her dream of an "eternal spring".

When Cerna's nymph in laughter dances
Within the full moon's silver beams (...)
Then I approach the river's edge (...)
And turn my face towards the east.
All I can do is gaze transfixed
On the nymph who scoops the water up
And lets it flow from hands so white,
As if from a never-empty cup,
To grant me beauty and youthful life.

Simbota Marre, 1887

So like a nymph all scented white,
My doll floats round and round in trance
And makes her curtsies low and light,
Quite as befits the Lancer's Dance.

Court Ball, 1887

10 TOO CRAMPED FOR ME EVEN THE WIDE PUSZTA SAND

In Hungary Elisabeth encountered that sympathy and cordiality that she so dearly missed at the Viennese court. She even became politically active on behalf of the Magyars and vehemently advocated the so-called Austro-Hungarian compromise, which came about in 1867. When she and her husband were crowned King and Queen of Hungary, she was honoured as *Patrona Hungariae* and received, together with her husband, Gödöllö Palace as a present. Later she found coursing in England and Ireland more interesting and therefore became a less frequent visitor to Hungary.

Once I hunted all over this earth tirelessly,
Too cramped for me even the wide puszta sand,
With my horses proud I was borne across the sea
As far as the coast of Erin's green land.

To Future Souls, 1887

11 A MAGIC ISLAND, FAR OUT AT SEA

Elisabeth's search for a suitable place to make her home was at first limited to the territories of the Austro-Hungarian monarchy. Later her path led her abroad. The Empress and Queen had a palace built upon the Greek island of Corfu, with the idea of perpetuating her enthusiasm for the ancient world. It was named after Achilles. However, not even Achilleion Palace could hold Elisabeth in one place for long. As early as 1893 she wanted to sell it and later visited it only sporadically.

A magic island, far out at sea,
Appears to greet me, full of scents (...)
Too long a time I've been alone (...)
Now the dolphins shall amuse me
And I'll take delight in the shining sun.

Mist Songs, III, 1887

Even the pretty fairy Abunde
Is fearful of the Nazarenes
And all day long she spends her time
Within the safety of Avalon (...)

Laughing she goes walking there
Beneath the sunflowers so high
With her caressing retinue
Of worldly reticent paladins.

Heinrich Heine, *Atta Troll*, 1841/42

12 MARBLE AM I

Posterity erected numerous monuments to Elisabeth. She can be regarded as a metaphor for grace and dignity, with a hint of restrained melancholy. Yet Elisabeth's self-image also includes another dimension, that of classical severity. With the monument of the dying Achilles before her eyes, she perceived within herself the same aura of pride, beauty and sorrow. As she remembered the days of the past, certain of the irretrievability of earlier happiness, she felt her heart had become "made of stone", a "heart of ice ... stiff and cold".

My body is made of stone,
My heart is made of stone,
Cold as his marble am I (...)

On Ernst Herter's Achilles Sculpture, 1885

I have loved, as very few have loved,
With every beat of pulse and heart (...)

Offensee, 1886

In spite of all the heated kisses
My heart of ice is stiff and cold (...)

Yes, if I ..., 1886

She stood in the boat so pale, so slim
And ponderous was her manner,
As if she were sculpted of foreign marble,
The image of Diana.

Heinrich Heine, *Nocturnal Journey*, in *Romanzero, Historien*, 1851

13 IN A LONG, BLACK DRESS

After 1889, when her only son Rudolf had committed suicide, the Empress almost always appeared in public wearing the colour of mourning. This self-image was interpreted as being that of the *mater dolorosa*, transferring the religious theme of 'the mother filled with sorrow' to the realm of the profane. At the same time, Elisabeth's appearance corresponded to ideas of the 'kingdom of shadows', of transience and doom. In this way it became possible to project onto this 'lady in black' both Schopenhauer's pessimistic view of the world and the apocalyptic mood emerging towards the turn of the century.

This night tonight is All Souls' *Night;*
The graveyard lies forlorn;
And who indeed in the depths of night
Would here to the dead be drawn?

Yet through the clouds there breaks the moon
Its light beams shining down
Upon a woman's face that's wan,
and mourning bands surround.

She wanders there so earnest and calm
in a long, black dress;
Wreaths hang down from both her arms,
Each so heavily pressed.

All Soul's Night, 1887

Tenderly did the black woman lay
Close to her heart my head;
Oh! My hair it grew so grey,
There where her tears were shed.

Heinrich Heine, *To Lazarus*, in *Last Poems*, 1854

14 A WILL O' THE WISP (...) I DANCE

The ability of fairies to make themselves invisible and adopt any form they wish, inspired Elisabeth to see herself as a "daughter of the air", a swallow or a seagull.

In doing so she reminds us once again of Titania, who was also equated with Sylphide, an elemental spirit attributed to the air. The ability to glide around weightlessly always remained for the Empress the very essence of an intense feeling for life and the experience of freedom. Although during the hectic travelling activity of her last years she compared herself to the Flying Hollander, she was not nearly as unhappy as the sailor who was condemned to eternal restlessness, but thoroughly enjoyed the time she spent on ships and trains.

A will-o'-the-wisp before your eye,
I dance in the light and the dark,
Now on the high seas you see me fly,
Now on the mountains my spark.

Titania and Alfred, X, 1888

Here today, tomorrow there,
On the mountains, on the seas,
Jokes and games are everywhere,
Titania floats along with ease.

Gastuna, 1888

Yes, truly a daughter of the air am I,
Despising these tiresome clothes (...)

On the Magic Mountain, 1886

A seagull am I, from no land I come,
There is no beach that I will call home,
Bound by no destination or place,
Flying from wave to wave I race.

North Sea Songs, 7, 1885

Elisabeth's journeys between the years 1889–1898

1889 From April to May in Wiesbaden, in July to Feldafing. In September to Madonna di Campiglio and Meran. Finally to Corfu, Palermo, Malta, Tunis, Munich and Trieste (Miramare Palace).

1890 In March to Wiesbaden and Heidelberg, in May to Regensburg, in August to Vlissingen. After stays in England (Isle of Wight) and Paris, sea journey (Arcachon – La Coruña – Oporto – Lisbon – Gibraltar – Tangier – Oran – Tenéz – Algiers – Corsica – Marseilles – Toulon – Hyéres Islands – Cannes – Monaco – Mentone – Livorno – Florence – Pompeii – Capri – Naples – Corfu – Trieste).

1891 In February to Munich, in March to Corfu, Corinth, Athens, Sicily. In summer to Feldafing, afterwards to Miramare and Corfu. In November to Cairo, then once again to Corfu.

1892 In March to Miramare, from here to Corfu. Visit to Athens. In June for a cure to Karlsbad, afterwards via Bavaria to Switzerland (Zurich, Kaltbad-Rigi, Lucerne). In winter to Sicily and Spain (Balearic Islands, Valencia, Malaga, Granada).

1893 Seville, Cádiz, Gibraltar, Mallorca, Barcelona. Afterwards to the Riviera and from there to Turin. Journey to Switzerland (Geneva, Territet), then to Lake Como, Milan, Genoa, Naples and Venice. In November to Miramare, in December to Algiers and Madeira.

1894 From Madeira to Alicante, Cape Martin and Switzerland. In June to Madonna di Campiglio, in September to Corfu. At the beginning of December via Trieste to Algiers.

1895 Cape Martin, Corsica, Corfu, Venice. In June to Bavaria, then for a cure to Bartfeld. In September for a cure to Aix-les-Baines, then to Geneva and Territet. In November to Cape Martin.

1896 Cannes, Naples, Sorrento, Corfu. In July to Bavaria, in November to the south of France.

1897 Biarritz, Cape Martin, Territet. From May to July for cures to Bad Kissingen and Langenschwalbach. In September cure in Meran, from November in Biarritz, Paris, Marseille, San Remo.

1898 From San Remo to Territet. Cures in Bad Kissingen and Bad Brückenau. In July via Munich to Bad Nauheim, then via Homburg and Frankfurt to Switzerland (Territet, Caux, Geneva).

15 NOT A SINGLE TEAR WILL THEN BE SHED

Against the background of rapid changes of scene and a kaleidoscope of fleeting impressions, Elisabeth's form loses sharpness of contour. The last scene is Geneva, the date 10th September 1898. In the early afternoon of this sunny late-summer day, the Empress became the victim of an assassination attempt. The corpse was given a solemn burial at the Crypt of the Capuchins in Vienna on Saturday 17th September. The assassin, an Italian anarchist by the name of Luigi Luccheni, who was sentenced to lifelong imprisonment, hung himself in his cell in Geneva prison on 16th October 1919.

Not a single tear will then be shed,
There'll be no lament and not one sigh;
The sun will shine with mirth instead
Even on the days upon which I die (...)

Not a Single Mass Will Then Be Sung, 1886
(after Heinrich Heine, Memorial Ceremony, in Lazarus, 1850/51)

I am a Sunday child, a child of the sun;
It turned its golden beams toward my throne,
With all its splendour wove for me my crown,
Its light is the place in which I make my home,
Yet should it ever disappear, then I must die.

Sunday's Child, 1887

We then walked very slowly along the Quai du Mont Blanc. Her Majesty enjoyed the sunshine and took delight in the colourful surging life of the street, although I was overcome with uneasiness and drew her attention to the fact that it was time to return to the hotel and prepare for the journey.

The events of the morning of 10th September 1898.
Countess Irma Sztáray, *The Last Years of the Empress Elisabeth,* 1909

1898

10th September: Empress Elisabeth stays in the Geneva Hotel Beau Rivage until about 11 o'clock. After going out to buy presents for her grandchildren, she returns. At about 1.35 p.m. she leaves the hotel again to travel to Caux by steamship (scheduled departure time 13.40). On the way to the jetty where the ship is moored, she is attacked by an unknown person. Already on board she loses consciousness. The captain orders the ship to turn round, Elisabeth is brought back to the hotel and dies at 2.40 p.m. Police succeed in arresting the assassin shortly after the attack. His weapon, a specially designed razor-sharp file, is found near the scene of the crime.
14th September: Public demonstration of grief in Geneva. A guard of honour of the Swiss Army escorts the body to the train which has in the meantime arrived from Vienna. It leaves the city again on the same day.
15th September: At approximately 10.00 p.m. the train arrives at Vienna's Westbahnhof station. The body is taken to the Hofburg chapel.
17th September: In the afternoon the funeral procession travels from the inner courtyards of the Hofburg, across Michaelerplatz and Josefsplatz, through Augustinerstraße and Tegetthoffstraße to Neuer Markt. The official funeral ceremony ends with the consecration in the Church of the Capuchins.

The trial against Luigi Luccheni opens on 10th October.

The freedom of every individual of full age (...) has to be absolute and complete; freedom to go and come, to speak aloud any opinion (...) To do what one wishes with oneself (...) without having to account to anyone for what one does.

Michail Bakunin, *Revolutionary Catechism,* 1865/66

From the tightrope I'd like to look down at this world
I'd like to walk on the ice and see for myself how long it can hold.
What's it got to do with you, the risks I've known.
I belong to myself alone.

Michael Kunze, Sylvester Levay, *Elisabeth,* 1992

ABOUT THE HERMES VILLA

In former times, the Lainzer Tiergarten game park was an Imperial hunting ground. The Hermes Villa, designed by the architect Carl von Hasenauer, was built there between the years 1882–1886 and was a gift to Elisabeth from her husband Emperor Franz Joseph in 1884.

Dining hall

The route from the wing which was formerly inhabited by the Archduchess Marie Valerie, the Imperial couple's youngest daughter, leads into the Imperial family's dining hall. The wall fountains, designed as rocaille grottoes, were used to cool the drinks, while the central part of the ceiling, a stucco relief entitled *Aurora Hovers in the Air in Front of the Chariot of Summer*, was made by Viktor Tilgner.

The Empress' gym

The wall decorations draw on early pictures from Greek and Roman antiquity. Represented here are various sports, painted by August Eisenmenger, who completed this work in 1885. The pieces of fruit represented on the wall pedestals were executed by Hugo Charlemont.

The decoration of the room originally included a large piece of gymnastics apparatus made of oak, a balancing beam, various support bars and two sets of rings. As was customary in all the Empress' palaces, a pair of decimal scales was also to be found here.

The Empress' bedroom

Then there came a wonderful dwarf
In a phaeton, drawn by young lions (...)
And in his little hand the dwarf
Held a bunch of blossoming lilies (...)

Christoph Martin Wieland, *Oberon*, 1784, 4, 366-370

With the ceiling painting, which depicts the scene *Titania before Oberon's Chariot*, Hugo Charlemont created a new variation on Wieland's view of the King of the Elves. Shakespeare's *A Midsummer Night's Dream* provided the model for the wall decorations by Rudolf Carl Huber and other artists.

The original furnishings of the room included the stately High Baroque bed, the rest of the furniture and the picture *Madonna with Child* by Fernand Jacques François Lematte. The life-size female figure *Melancholy* was first set up here in 1894, five years after the death of the Crown Prince Rudolf.

And every May brought us together again

In the fairyland of A Midsummer Night's Dream, the blossoms of spring are eternal. Elisabeth used to like to come to the Hermes Villa especially in May, before the annual summer sojourn in Bad Ischl began. In the Titania poems she enthuses about the beauty of Lainzer Tiergarten in springtime, which evidently impressed her even more than the house, which she called the Fairy Castle.

From out of the boughs' canopy of leaves
The cuckoo calls me, my old friend;
We meet in the west, we meet in the east,
Every May has brought us together again.

I too would wish to stay here as long
As the fruit tree yonder bears its blooms,
And into the distance hurry along
Only after it's shed its wedding suit.

I am so shy ..., 1888